Cómo conseguir que tus hijos se porten bien

Guías para padres

Últimos títulos publicados

Sue Cowley

Cómo conseguir que tus hijos se porten bien

Consejos prácticos para educar mejor a los niños

PAIDÓS
Barcelona
Buenos Aires
México

Título original: *Getting Your Little Darlings to Behave*
Publicado en inglés, en 2004, por Continuum, Londres
Obra publicada con permiso de The Continuum International Publishing Group, Inc.

Traducción de Gemma Andújar Moreno

Cubierta de Julio Vivas

© 2004 Sue Cowley
© 2006 de la traducción, Gemma Andújar Moreno
© 2006 de todas las ediciones en castellano,
   Ediciones Paidós Ibérica, S.A.,
   Mariano Cubí, 92 - 08021 Barcelona
   http://www.paidos.com

ISBN: 84-493-1861-0
Depósito legal: B. 4.033-2006

Impreso en Novagràfik, S.L.
Vivaldi, 5 - 08110 Montcada i Reixac (Barcelona)

Impreso en España - Printed in Spain

Sumario

Para Álvie

Agradecimientos

Muchas gracias a Anthony Haynes, Suzanne Ashley, Katie Sayers, Christina Parkinson y al equipo de Continuum por todos los esfuerzos que han hecho por mí. Un agradecimiento especial para mi editora Alexandra Webster, por su infinita paciencia y sus numerosos comentarios positivos.

Como siempre, mi agradecimiento y mi amor para Tilak, mi «niño grande», y también para mi madre, por ser una abuela/canguro siempre dispuesta.

Gracias a todas las madres y bebés de mi red de apoyo: especialmente, a todas las chicas del club October 2002 y a las señoras del club Friday Lunch. ¡No sé qué haría sin vosotras!

Por último, quisiera dar las «gracias» más sinceras a Elka, que me ayudó en los momentos de necesidad y que, como madre, está haciendo un trabajo estupendo.

Introducción

Ser padres puede y debería ser algo muy divertido. Tienes la oportunidad de ver a tu hijo crecer, aprendiendo algo nuevo cada día; tienes la oportunidad de compartir tu amor y tu vida con tu hijo; tienes la oportunidad de volver a sentir lo que supone maravillarse y emocionarse al ver cómo tu hijo descubre el mundo. Por otra parte, ser padres también implica un buen número de retos, sobre todo si uno debe enfrentarse a un comportamiento difícil. Con el presente libro, espero contribuir a que la educación de los hijos se convierta en una experiencia divertida y positiva para los padres, para que éstos puedan disfrutar al máximo la tarea de la paternidad.

Cuando somos padres por vez primera, la mayoría de nosotros no ha hecho nunca nada que se parezca lo más mínimo. Tal vez hayamos «tratado» a otras personas en el lugar de trabajo, pero muy pocos han experimentado lo que supone enfrentarse con los desafíos que plantea un niño. Esto explica que nos resulte tan duro controlar el comportamiento de los hijos y que tengamos tanto que aprender.

En este libro ofrezco a los padres consejos prácticos y realistas sobre cómo controlar el comportamiento de sus hijos. Igual que mis libros para profesores, está escrito de un modo realista y con los pies en la tierra. Proporciono recomendaciones prácticas y estrategias que ayudarán a los padres a abordar las cuestiones relacionadas con el comportamiento que vayan surgiendo, desde comprender bien los principios básicos hasta afrontar problemas más graves. En tanto que profesora, he tratado el comportamiento de, literalmente, miles de niños distintos; en tanto que madre, entiendo lo estresante que resulta controlar el comportamiento a todas horas, todos los días. Las estrategias que esbozo en este libro son sencillas de comprender y también de llevar a la práctica, pero implicarán un cambio sorprendente en el comportamiento de sus hijos.

Este libro proporciona un amplio abanico de ideas para ayudar a controlar el comportamiento de los hijos y se centra especialmente en la franja de edad comprendida entre los cero y los once años, cuando se fijan muchos de los patrones que determinan el comportamiento posterior en la vida. Incluyo claves prácticas, consejos y estrategias, además de una serie de ejercicios para que el lector los complete. Estos ejercicios están concebidos para ayudarle a ser más consciente de las propias actitudes ante el comportamiento. Asimismo, aporto numerosas técnicas concretas e ideas fáciles de poner en práctica en casa. El objetivo es ofrecer consejos realistas que funcionen de veras.

Las ideas que proporciono en el libro no son difíciles de aplicar; lo difícil es no acabar apartándose de ellas con el tiempo. Resulta especialmente complicado cuando uno está cansado, estresado o, simplemente, de mal humor. Pero, con perseverancia y esfuerzo, los consejos que el lector encontrará en estas páginas facilitarán mucho su vida como padre o madre. Con todo, me gustaría subrayar ya desde el principio que nadie es un padre «perfecto». Hay que intentar no ser demasiado duro con uno mismo cuando se cometen errores o cuando parece difícil o imposible seguir los consejos que doy. Sé por experiencia personal lo complicado que resulta llevar a la práctica la teoría.

Enfrentarse a un comportamiento difícil nunca es tarea sencilla. Como profesora, sé muy bien lo complicado que resulta cuando trabajo con una clase que acoge a alumnos problemáticos o agresivos. Por supuesto, es igual de complicado cuando se trata de tu propio hijo o tus propios hijos. Al menos, como profesora, sé que mis alumnos se marcharán a casa cuando acabe la jornada; pero, como padres, estamos obligados a tratar a los hijos a todas horas, todos los días. No hay escapatoria posible, ni siquiera cuando las cosas se ponen realmente difíciles. También está esa abrumadora sensación de que tus hijos son responsabilidad tuya; si te equivocas, no puedes culpar a nadie más.

Controlar bien el comportamiento está estrechamente relacionado con la actitud de uno mismo. Tienes la opción de ver el comportamiento inadecuado como un problema, un problema que genera mucho estrés y, quizá, también alguna que otra cana. Otra posibilidad es considerarlo un reto, el reto de convertirse en mejor padre y también en mejor persona. Una de las ideas clave que destaco en el libro es que uno debe intentarlo y mantener una actitud positiva, por muy difícil que resulte. Si se puede mantener una actitud positiva, se fomentará un mejor comportamiento en el niño y también se enfrentará uno al comportamiento difícil del modo más efectivo.

El lector habrá advertido que, en todo el libro, procuro no utilizar el adjetivo «malo» al hablar de comportamiento. En cambio, prefiero utilizar calificativos como «deficiente», «difícil» o «reto». Puede que el lector lo considere un ejemplo de lenguaje políticamente correcto llevado al extremo del ridículo, pero tiene suma importancia establecer la distinción. Es necesario aprender a considerar el comportamiento como «deficiente» en lugar de considerar al hijo como «malo». Esto ayudará a comprender al hijo y trabajar con él cuando ponga a prueba su paciencia. También ayudará a no etiquetar o prejuzgar al hijo. Es preciso grabarse en la mente que, cuando se produce un comportamiento inadecuado, la mayor parte de las veces no es porque el niño se muestre difícil a propósito. Con frecuencia, el niño sencillamente no comprende qué es un comportamiento deficiente, tal vez porque nadie se lo ha explicado nunca.

Me gustaría finalizar esta introducción deseándoles lo mejor cuando emprendan la tarea de controlar el comportamiento de sus hijos. Por encima de todo, exige trabajo duro, perseverancia y dedicación. Pero con mucho tiempo y mucho esfuerzo, conseguirá que los más pequeños de la casa se comporten bien. Y si puede animar a su hijo para que se comporte del mejor modo posible, estará en disposición de disfrutar la maravillosa tarea que supone ser padre.

SUE COWLEY
www.suecowley.co.uk

Nota

Para simplificar las cosas, me refiero a los niños y las niñas como «el niño».

Cuando utilizo el término «padre» y «padres» en el libro, me refiero a cualquier persona que cuide al niño; puede ser el padre, la madre o los padres biológicos y, por supuesto, también los padres adoptivos o los padres de acogida, un hermano o cualquier otra persona que se ocupe del niño.

1

El comienzo

Este capítulo constituye una introducción a todo el tema del comportamiento. Las ideas que esbozo en estas páginas se fundamentan en mi experiencia al tratar con el comportamiento (y el comportamiento inadecuado) de literalmente miles de niños, tanto en clase como en casa. Este capítulo ayudará a comprender mejor el comportamiento: tanto el comportamiento que uno quiere como el que no quiere. La información que se incluye también resultará útil para acceder a las ideas expuestas en el resto del libro.

La primera parte del capítulo aborda algunas de las razones que explican el comportamiento inadecuado de los niños. Analizo cómo se aprende el comportamiento (tanto el bueno como el malo). También comento por qué es necesario controlar el comportamiento y aporto algunas ideas iniciales sobre cómo hacerlo. Finalmente, repaso algunas de las cosas que le pueden fallar cuando se enfrente al comportamiento de sus propios hijos.

Resulta muy difícil distanciarse de un niño que muestra un comportamiento inadecuado y ver las cosas de forma realista. Es sumamente complicado al tratar con nuestros propios hijos, porque estamos muy vinculados con ellos y con la situación. Las claves y reflexiones de este capítulo le ayudarán a ver qué sucede entre usted y sus hijos de un modo claro y razonable.

¿Por qué no se porta bien mi hijo?

Siempre hay un motivo que explica nuestro comportamiento, por muy tonto o nimio que pueda parecer. Si queremos cambiar (o mantener) un determinado modo de comportarse, es preciso comprender primero por qué está sucediendo. Igual que siempre hay un motivo para el comportamiento inadecuado, también lo hay siempre para el buen comportamiento. Si podemos identificar las razones del comportamiento adecuado e inadecuado, podemos empezar a cambiar las cosas para mejorarlas.

A continuación se incluyen algunas ideas sobre por qué los niños no se portan bien. Más adelante, el lector encontrará numerosas claves para enfrentarse a esos problemas.

PRIMER MOTIVO: EXPLORACIÓN

Los niños pequeños tienen muy poco conocimiento del mundo donde viven. No saben qué son las cosas o cómo funcionan, qué es peligroso y qué no lo es, etcétera. Por supuesto, les interesa mucho averiguarlo y esto puede acarrear algún que otro problema. Los niños obtienen la información que necesitan sobre el mundo de distintas maneras.

Aprenden:

- probando las cosas y cometiendo errores;
- por lo que sus padres les dicen o les enseñan del mundo;
- por cómo reaccionan sus padres cuando exploran;
- por el ejemplo que dan sus padres en sus propias interacciones con objetos, personas y lugares.

Con los niños pequeños, lo que muchas veces podemos considerar como «ser travieso» no es más que el tratar de aumentar su conocimiento del mundo. Por ejemplo, a los niños suelen fascinarles los objetos brillantes y podría darse el caso de que su hijo tratara de alcanzar un valioso jarrón de cristal en casa de sus abuelos. Cuando lo hace, no está cometiendo una travesura; sencillamente, todavía no comprende de qué modo o por qué está «mal» o es peligroso.

Nuestro deber como padres es dar a conocer paulatinamente el mundo a nuestros hijos, asegurándonos de que no corren peligro mientras aprenden. A medida que van creciendo, podemos ir dándoles más confianza de modo gradual, cediéndoles las riendas de la responsabilidad que supone controlar su propio comportamiento. Este libro le ayudará a saber exactamente cómo llevar a cabo este propósito.

SEGUNDO MOTIVO: BUSCAR LOS LÍMITES

Una parte natural del crecimiento consiste en descubrir dónde están los límites. Los niños nos ponen a prueba en todo momento para ver hasta dónde pueden llegar antes de que un adulto diga: «¡Ya basta!». Todo esto forma parte del aprendizaje de las normas que rigen la sociedad y el mundo en el que viven.

Por ejemplo, al principio el bebé puede tirar la taza al suelo para ver qué hace su progenitor. Un rato después, puede continuar lanzándola por toda la habitación para analizar de nuevo su reacción. Y, a continuación, puede llegar, incluso, a lanzarle la taza para ver si va a permitir ese comportamiento.

Esta puesta a prueba de los límites se prolonga durante toda la infancia. Un niño más mayor puede experimentar con «palabrotas» o un lenguaje soez para probar sus reacciones. Tenemos un deber fundamental como padres que consiste en fijar los límites o fronteras para nuestros hijos, para que aprendan a comportarse «correctamente». Encontrará abundante información sobre cómo marcar límites y ceñirse a ellos en las páginas 126-130.

TERCER MOTIVO: LAS SEÑALES QUE TRANSMITIMOS

Ya desde los primeros días de vida, nuestros hijos observan las señales que emitimos para que les ayuden a aprender cómo deben comportarse. Constantemente estamos transmitiéndoles mensajes sobre el comportamiento adecuado, ofreciéndoles, con un poco de suerte, un modelo a imitar de lo que está bien y de lo que no está permitido. No hay que olvidar que uno emite señales tanto positivas como negativas y que el objetivo debería ser emitir una mayor cantidad de señales positivas, siempre que sea posible. Emitimos señales de varias maneras distintas; algunas muy obvias y otras más sutiles:

- nuestro propio comportamiento: con los hijos, la familia, los amigos y con otras personas;
- nuestra manera de hablar a nuestros hijos y con ellos: las palabras que utilizamos y cómo hablamos;
- nuestra manera de utilizar el cuerpo para emitir señales: esto incluye el modo de utilizar el rostro y el lenguaje corporal;

- nuestra manera de reaccionar ante el comportamiento positivo o negativo.

El modelo de conducta que proporcionamos desempeña un papel fundamental a la hora de emitir esas señales a nuestros hijos. Es natural que un niño a quien dicen que no debe gritar a los demás, se sienta confuso si ve a sus padres discutir y gritar. No estará seguro de lo que significa para él. ¿Significa que también él puede gritar a la gente? ¿Significa que sólo los adultos pueden gritar? De ser así, resultará muy injusto para el niño. Es preciso tener siempre presente que, con nuestra manera de comportarnos, estamos construyendo un modelo de lo que está bien y lo que está mal para nuestros hijos.

Por supuesto, a medida que vayan creciendo, nuestros hijos también se verán influenciados por lo que hagan sus amigos o compañeros de clase. También observarán a los demás adultos que conozcan; por ejemplo, el modo de comportarse que tienen sus profesores con ellos. Pero la influencia más intensa y constante es casi siempre la que ejercen los padres y el ambiente del hogar.

Nuestro objetivo como padres debería consistir en establecer el modelo de comportamiento que queremos que sigan nuestros hijos, para emitir las señales adecuadas con tanta frecuencia como sea posible.

Dicho todo esto, no hay que olvidar nunca que uno acabará cometiendo algún desliz, sobre todo cuando se está cansado o de mal humor. Hay que intentar no ser demasiado duro consigo mismo cuando esto suceda; yo cometo errores todo el tiempo y soy una «experta» en el control del comportamiento, con años de experiencia en este campo.

El capítulo sexto aborda con detalle toda la cuestión de emitir señales.

¿Se ha fijado alguna vez en que, cuando saca de casa a un niño que se comporta de forma inadecuada, suele dejar de hacer travesuras? ¿O en cómo su bebé lloriquea sin motivo aparente y deja de hacerlo cuando se pone a jugar con él?

Igual que los adultos, los niños se aburren. También desean nuestra atención. De hecho, nuestra atención constituye una de las mayores recompensas que podemos ofrecerles. Con frecuencia, el niño aburrido empieza a comportarse de forma inadecuada para conseguir esa atención. Por desgracia, prestar atención a un niño porque muestra un comportamiento deficiente es uno de los mayores errores que podemos cometer, porque no hace más que reforzar el comportamiento que no deseamos.

Lo difícil de ignorar un comportamiento que persigue llamar la atención es que este tipo de conducta atrae la atención de modo automático. Cuando estoy dando clase, en quien me fijo es en el niño que está haciendo travesuras. Como profesora, debo esforzarme mucho por contener esa reacción natural y tratar de concentrarme, en cambio, en los niños que están haciendo lo que pretendo. Como padres, nos enfrentamos exactamente al mismo reto.

Otra dificultad de enfrentarse al aburrimiento o la búsqueda de atención es que la vida real tiene la costumbre de estorbar. Tal vez le encantaría sentarse a jugar con su hijo, pero podría ser que tuviera una montaña de ropa sucia por lavar y otras miles de tareas por hacer. Le haría de lo más feliz salir de tiendas con su hijo pequeño, pero podría estar a punto de empezar el programa de televisión favorito de su hijo de nueve años. En este libro aprenderá cómo enfrentarse a ese tipo de situaciones del mejor modo posible, aunque hay que tener presente que, en ocasiones, sencillamente no existe una respuesta fácil.

Cuando el niño se siente incómodo o molesto, es mucho más probable que muestre un comportamiento difícil, sobre todo el típico «lloriqueo» que consigue distraernos a la mayoría de nosotros.

Si el bebé está cansado, tiene el pañal sucio o le están saliendo los dientes, es posible que llore hasta que le resuelva la situación. Si el pequeño tiene hambre, se siente indispuesto o, sencillamente, está de mal humor, es muy probable que se queje hasta que se sienta mejor o hasta que alguien atienda sus necesidades.

Los niños pequeños todavía no han aprendido a controlar sus impulsos. Cuando no se encuentran bien o se sienten tristes, no pueden racionalizar la situación como hacen los adultos (de hecho, reconozcámoslo, incluso de adultos no siempre conseguimos guardarnos el malestar para nosotros ni evitar desquitarnos con nuestros allegados).

Un adulto puede ser capaz de decirse a sí mismo: «Vale, estoy de mal humor, pero no está bien hacérselo pagar a otro», o «De acuerdo, tengo ganas de picar algo, pero ya es casi la hora de comer y debo esperar a la comida». A los niños les cuesta mucho más hacerlo. Para los más pequeños, hay un problema añadido: no nos pueden decir lo que les está sucediendo. Nos corresponde a los padres averiguarlo y, en ocasiones, es inevitable equivocarse.

Cuando se trata de cansancio, no hay que olvidar que si el niño no está descansado, es posible que usted tampoco lo esté. Si se ha pasado toda la noche en vela cuidando a un niño inquieto o enfermo, tendrá menos capacidad de enfrentarse a un comportamiento inadecuado del mejor modo posible, sencillamente porque se encontrará estresado y agotado.

Cómo se aprende el comportamiento

Aunque nuestras personalidades estén integradas en nosotros o sean innatas hasta cierto punto, nadie nace comportándose de una manera u otra. Los bebés más pequeños reaccionan muchas veces de un modo totalmente instintivo. Durante las primeras semanas y los primeros meses de vida, desconocen por completo lo que está «bien» y lo que está «mal». Todavía no conocen la sociedad donde viven ni las expectativas de esa sociedad con respecto a su comportamiento.

Los bebés deben aprender cómo esperamos que se comporten interactuando con las personas que viven con ellos y con el ancho mundo que les rodea. Sólo lentamente van aprendiendo el comportamiento que está permitido y el que no lo está, y este proceso de aprendizaje requiere muchos años. De hecho, incluso cuando somos adultos, seguimos comportándonos a veces de un modo inadecuado.

Los niños pueden aprender el comportamiento de muchas maneras distintas, entre las que cabe destacar:

- *Los padres como modelo de conducta.* Nuestros hijos pasan mucho tiempo con nosotros, sobre todo cuando son muy pequeños. Por este motivo, es fundamental recordar que podemos mostrarles lo que significa un buen comportamiento. Actuamos como modelos de conducta para nuestros hijos y, si tenemos costumbres inadecuadas o negativas, no debería sorprendernos que ellos las fueran adoptando con el paso del tiempo.

- *La manera de controlar el comportamiento de nuestros hijos*. Los niños aprenden mucho del buen comportamiento por el modo en que los tratamos. Esto es especialmente válido para nuestra manera de responder cuando no hacen lo que queremos. Nos observan para que les demos pistas: si les chillamos o adoptamos una actitud agresiva o de enfrentamiento, esto es lo que aprenderán sobre el modo de relacionarse de las personas.

- *Otras personas.* A medida que nuestros hijos van creciendo, empiezan a contar otras influencias. En cuanto se inician las relaciones con otros, ya sea en el parvulario o el colegio, nuestros hijos empiezan a ver que las personas pueden comportarse de modo diferente a como se comportan sus padres. La presión de los iguales puede llegar a ejercer una influencia muy intensa en el comportamiento, ya sea de forma positiva o negativa. A un adolescente que se relacione con una banda implicada en actos delictivos le costará mucho encajar en ella si no adopta la misma conducta inapropiada. Otras personas también pueden ayudar a nuestros hijos a aprender buen comportamiento; por ejemplo, los profesores y otras figuras de autoridad.

- *Influencias dentro y fuera del hogar.* Nuestros hijos también toman ideas sobre el buen y el mal comportamiento de los medios de comunicación. La televisión, el cine, los videojuegos, los periódicos y otros medios influyen hasta cierto punto en los niños que los ven o los leen.

El tipo de entorno donde viven y crecen nuestros hijos también puede determinar su modo de comportamiento. Por ejemplo, un niño que vive en una zona con un elevado nivel de delincuencia tal vez se vea influido por esta circunstancia, aunque en modo alguno esto constituye una certeza si el rol de los padres es de buena calidad. Un niño que viva en una zona rural aislada quizá recurra al mal comportamiento por aburrimiento y frustración, aunque, una vez más, los progenitores pueden influir en esta situación para mejorarla.

¿Por qué es necesario «controlar» el comportamiento de los hijos?

Tal vez le parezca que debería saber cómo controlar el comportamiento de sus hijos, que hacerlo debería ser algo instintivo y natural. Tal vez crea que no debería necesitar a nadie que le enseñara a hacerlo. Pero cuando nos convertimos en padres por vez primera, la mayoría de nosotros no ha tenido que controlar el comportamiento de nadie con anterioridad. Incluso quienes tienen a su cargo a otras personas en el trabajo, posiblemente no estén acostumbrados a tratar con niños, que representan un desafío completamente distinto. Por eso le va a resultar muy útil este libro.

En el mundo actual, muy pocas personas viven en grupos familiares numerosos. Esto significa que nos perdemos la sabiduría de generaciones anteriores. Con la llegada de tecnologías como la televisión, los teléfonos y los ordenadores, muchos factores externos pueden influir en el comportamiento de nuestros hijos. El padre de hoy en día debe enfrentarse a esto y a mucho más.

Acertar con el comportamiento es importante por una amplia variedad de razones. Me gustaría enumerar algunas de ellas aquí para convencerle de lo importante y útil que podrían resultarle las técnicas de control del comportamiento.

- *Crear una vida familiar positiva*. Lo que todos deseamos, sin lugar a dudas, es una situación tranquila y controlada en nuestra vida familiar. Un lugar donde los niños puedan crecer de un modo divertido, positivo y beneficioso. Un control del comportamiento positivo le ayudará a lograrlo, al mostrarle cómo conseguir que los más pequeños de la casa se comporten bien.
- *Desarrollar buenas relaciones*. Todos queremos a nuestros hijos, pero mantener una buena relación con ellos no siem-

pre es la consecuencia lógica de esto. Si su hijo le pone a prueba comportándose de un modo inadecuado, es posible que acabe sintiéndose molesto con él e, incluso, llegue a tenerle antipatía. Esto no constituye una buena base para desarrollar una estrecha relación entre los dos. Pero si puede enseñar a su hijo cómo comportarse adecuadamente, será capaz de disfrutar la mejor relación posible.

- *Éxito académico.* Si educamos a nuestros hijos para que se comporten de un modo adecuado, esto les garantizará el éxito a medida que vayan saliendo cada vez más de casa. Cuando el niño empiece el colegio, ya sabrá cómo comportarse adecuadamente. Entenderá cuáles son los límites del buen comportamiento, no cometerá montones de errores ni los profesores deberán enseñarle a comportarse. La buena conducta tendrá un efecto positivo en el éxito académico, porque el niño será capaz de centrarse en su trabajo ya desde los primeros momentos de la educación. Como profesora, puedo asegurar que esos niños que sí saben cómo comportarse bien tienen muchas más posibilidades de obtener buenos resultados escolares.

- *Éxito social.* Además de lograr el éxito académico, el niño que sabe comportarse también se llevará bien con sus iguales. Entablará amistades rápidamente y las conservará, porque sabrá tratarlas adecuadamente.

Consejos prácticos para el control del comportamiento

Llegados a este punto, me gustaría darle algunos «consejos prácticos» para controlar el comportamiento de sus hijos. Estas ideas iniciales le proporcionan una visión general de lo que está tratando de conseguir. Todas las estrategias que enumero a continuación están tratadas con mucho más detalle en apartados posteriores de este libro.

Lista de consejos prácticos

- *Sea positivo.* Céntrese al máximo en lo que usted y su hijo están haciendo bien.
- *Establezca estructuras y rutinas.* A los niños les gusta saber qué terreno están pisando: unas estructuras y rutinas coherentes les ayudarán a sentirse más seguros.
- *Marque los límites.* Deje claro a su hijo lo que está permitido y lo que no lo está.
- *Sea coherente.* Trate de mantener siempre sus demandas y planteamientos.
- *Haga del comportamiento una opción.* Responsabilice a su hijo de su comportamiento para conseguir que acepte las consecuencias de un comportamiento inadecuado.
- *Empiece el «entrenamiento» lo antes posible.* Desde el primer momento, gestione el comportamiento de su hijo de un modo positivo y asertivo.
- *Utilice más «zanahorias» que «palos».* Las recompensas siempre funcionan mucho mejor que las sanciones a la hora de lograr el comportamiento que uno desea.
- *Sea razonable, pero no razone con ellos.* No entre en peleas o discusiones inútiles; fije unos límites justos y aférrese a ellos.
- *Muéstrese flexible.* El control del comportamiento no tiene nada que ver con «ganar o perder»; en ocasiones, es preciso ceder un poco para conseguirlo.

Lo que no funciona

Además de entender lo que funciona bien para controlar el comportamiento de sus hijos, también resulta fundamental entender lo que no funciona. En este punto del libro, me gustaría ofrecerle una lista de los «peores pecados»: las cosas negativas que es preciso evitar a toda costa, las maneras de enfrentarse a la situación que lo único que hacen es empeorar las cosas. Con todo, hay que aceptar que habrá momentos en que caerá en malas costumbres o en que, simplemente, se encontrará demasiado cansado para hacerlo bien.

Lista de los «peores pecados»

- *La amenaza vana.* Trate de no amenazar nunca con un castigo que no vaya a imponer: esto sólo debilita su posición en el futuro.
- *Ponerse muy nervioso.* Es muy fácil perder los estribos cuando el niño no para de hacer travesuras, pero la ira no es una estrategia de control efectiva.
- *Ser negativo.* En ocasiones, resulta difícil mantener una actitud positiva, pero un enfoque negativo sólo empeorará las cosas.
- *Adoptar una actitud de enfrentamiento.* Cuando uno se enfrenta a un niño agresivo u obstinado, hay que intentar mantener la calma en lugar de adoptar una actitud igualmente agresiva.
- *Dar cancha.* Entrar en discusiones constituye un malgasto de energía; si se marcan unos límites justos, no es necesario discutirlos.
- *Arrinconarlos.* Los niños no entienden cómo o cuándo deben echarse atrás: aprenda a ser flexible cuando sea necesario y proporcione a su hijo una «salida».
- *Culpabilizarse en exceso.* Sea positivo consigo mismo, además de con su hijo: todos cometemos errores y lo que cuenta es la capacidad de aprender de ellos.

2

El estilo de padres

Nadie nace sabiendo cómo comportarse: nos corresponde a nosotros enseñar a nuestros hijos lo que está bien y lo que está mal, mostrarles lo que creemos que es un buen comportamiento. Una de las dificultades a la que nos enfrentamos es decidir a qué nos referimos en realidad con «buen comportamiento». Éste será diferente para cada una de las personas que lean el presente libro. Uno puede adoptar un planteamiento muy estricto con los hijos y también puede adoptarse otro muy libre y flexible. De hecho, muchos de nosotros nos situaríamos en algún punto medio entre estos dos estilos.

Con los años que he pasado ejerciendo de profesora, he tenido la oportunidad de experimentar con una amplia variedad de estilos distintos a la hora de controlar el comportamiento. A medida que fui ganando experiencia, llegué a percibir que algunos enfoques resultaban más útiles y efectivos que otros. En estas páginas quisiera contarle algunas de las ideas y estrategias que he aprendido.

En este capítulo encontrará numerosas reflexiones e ideas sobre los distintos estilos de padres y tendrá la oportunidad de pensar en el tipo de padre que es o que quiere ser. Esto le ayudará a entender los mejores enfoques y estrategias para utilizarlos cuando deba controlar el comportamiento de sus hijos. Asimismo, le ayudará a cambiar su estilo en caso necesario para mejorar la relación que mantiene con ellos.

Como parte de la reflexión sobre los estilos de padres, examino el papel que desempeñan las emociones en dicho estilo y abordo las maneras en que los padres pueden actuar como equipo para garantizar el mejor comportamiento de sus hijos y cómo se puede trabajar en colaboración con otras personas que se ocupan de ellos. Finalmente, repaso brevemente las ventajas e inconvenientes de la maternidad o paternidad en solitario.

¿Qué tipo de padre es?

Todos utilizamos distintos estilos de padres, porque todos somos individuos que hacen las cosas a su manera. Entender el tipo de padre que uno es tiene importancia cuando se trata de determinar qué estrategias le funcionarán mejor. El estilo por el que se decante para educar a sus hijos variará por distintas razones, entre las que cabe mencionar:

- *La propia educación.* Muchos de nosotros estamos enormemente influidos por el modo en que nos educaron. Podría ser que de niño hubiera vivido experiencias muy positivas y, de ser así, tal vez decida seguir los pasos de sus padres cuando llegue el momento de controlar el comportamiento de sus propios hijos. También podría darse el caso de que usted piense que su infancia fue excesivamente estricta o excesivamente libre. Si no estuviera de acuerdo con la educación que le proporcionaron sus padres, podría intentar hacer lo contrario con su hijo.

- *El tipo de persona que uno sea.* El modo de manejar a sus hijos también dependerá del tipo de persona que sea. Si uno es menudo y tímido, posiblemente no utilizará un estilo que requiera alzar la voz o una actitud llena de seguridad en sí mismo. Si es una persona a quien le gusta la vida muy estructurada y controlada, es poco probable que eduque a su hijo de un modo libre y relajado.

- *El tipo de hijos que tenga.* Es de esperar que uno vaya variando el estilo como padre para adaptarse al tipo de hijos que tenga. Cada niño es un individuo único y esto es válido tanto para su modo de comportarse como para cualquier otro aspecto de sus vidas. Por ejemplo, no emplearíamos el mismo estilo con un niño tranquilo y tímido que con uno escandaloso y seguro de sí mismo. Por supuesto, en una familia numerosa es posible tener que enfrentarse a una situación donde haya varios tipos de niños con los que lidiar, y esto exigirá el máximo esfuerzo a sus habilidades como padre.

- *Su entorno y situación personal.* Nuestro entorno sí determina el modo en que controlamos el comportamiento y las estrategias que podríamos utilizar. Esas estrategias no son necesariamente mejores o peores, sino simplemente distintas. Por ejemplo, habrá diferencias al controlar a sus hijos si ha de educarles en un diminuto piso de ciudad, sin espacio exterior, en lugar de en una enorme mansión en el campo. Igualmente, si el lector es madre o padre en solitario, esta circunstancia influirá en el modo de controlar el comportamiento del niño, simplemente porque sólo habrá una persona disponible para ocuparse de él.

Los distintos estilos de padres

En este apartado, examino los tres tipos principales de estilo de padres. Las descripciones que siguen están basadas en los tres tipos más frecuentes de control del comportamiento: desde un enfoque estricto, muy estructurado y autoritario hasta uno muy liberal y relajado. Como advertirá el lector, los dos extremos de la escala —«estricto y severo» y «laxo y liberal»— constituyen ejemplos extremos de unos planteamientos particulares como padres, concebidos con la esperanza de que resulten interesantes e inciten a la reflexión. Es posible que uno tienda hacia un extremo de la escala, pero probablemente no hasta el punto descrito más adelante.

En la vida real, la mayoría de nosotros adoptará una posición que se acerque bastante a un punto medio entre los tres estilos e irá adoptando aspectos de cada tipo para configurar un enfoque propio. De hecho, mis años de experiencia en el control del comportamiento me han demostrado que este estilo «firme, pero justo» constituye la mejor vía para trabajar con niños. El lector, por supuesto, tendrá sus propias opiniones con respecto a lo estricto o liberal que necesite o pretenda ser. La clave radica en hallar el estilo que funcione mejor tanto para el progenitor como para su hijo.

Para cada uno de los estilos de padres esbozo las opiniones, actitudes y enfoques típicos implicados. Igualmente, considero algunas de las ventajas e inconvenientes relacionados con cada estilo particular. Al examinar las descripciones de los diferentes tipos, tal vez desee:

- pensar en qué punto se halla actualmente con respecto a esos perfiles;
- examinar la lista de potenciales dificultades asociadas a cada estilo y pensar si está experimentando alguno de esos problemas en la actualidad;
- considerar si los problemas a los que se enfrenta con sus hijos podrían estar relacionados con su estilo de control del comportamiento;
- pensar en cómo podría adaptar su estilo, tal vez adoptando una actitud algo más estricta o algo más liberal cuando fuera necesario.

Por supuesto, en muchos hogares habrá dos progenitores que se ocupen juntos del comportamiento. Puede darse el caso de que uno tienda más hacia el extremo autoritario de la escala y el otro hacia un estilo más liberal. Igualmente, en un hogar con varios hijos de caracteres distintos, también podría ser necesario adoptar estilos algo diferentes con cada niño.

Primer estilo: estricto y severo

Este estilo sería el que calificaríamos de «chapado a la antigua». Implica un enfoque muy rígido y estructurado de la paternidad, donde se espera que los niños hagan lo que se les dice, sin rechistar.

Opiniones típicas
- lo mejor para un niño es una rutina estricta y rígida;
- los niños de hoy en día disfrutan de demasiada libertad;
- el comportamiento es mucho peor que tiempo atrás;

- a los niños hay que verlos, pero no oírlos;
- hay que enseñar a los niños a respetar a sus mayores.

Actitudes típicas
- mi hijo se comporta mejor que los hijos de los demás;
- los demás son demasiado liberales con el comportamiento de sus hijos;
- se insiste demasiado en preguntar a los niños lo que quieren: al adulto le corresponde decidir por ellos;
- un bofetón por no portarse bien es un excelente método de disciplina.

Enfoques típicos
- rutinas rígidas para el día del niño;
- se permite muy poca flexibilidad en esas rutinas;
- el comportamiento inadecuado se trata aplicando sanciones estrictas;
- se recurre a los bofetones para controlar;
- énfasis en un aprendizaje estructurado en lugar de en juegos imaginativos;
- gritos como sanción por comportamiento inadecuado.

Ventajas de este estilo
- la clara rutina implica que el niño siempre sabe qué terreno está pisando;
- un entorno estructurado proporciona al niño una sensación de seguridad;
- este tipo de padre suele ser muy claro sobre sus expectativas;
- es probable que al niño le resulte fácil encajar en las «normas escolares» cuando empiece el colegio.

Inconvenientes de este estilo
- con un enfoque rígido, los padres pueden acorralar a un niño que se comporta de modo inadecuado;
- esto suele acarrear muchos enfrentamientos;
- las rutinas muy estructuradas dejan poco margen para la flexibilidad y lo inesperado;
- a medida que el niño va creciendo, puede empezar a rebelarse contra estos planteamientos;
- la excesiva imposición de castigos estrictos, como un bofetón, pueden dejar al padre sin recursos cuando suceda algo realmente grave.

Segundo estilo: firme, pero justo

Este es mi estilo preferido, el que trato de adoptar tanto como sea posible y el que le aconsejaría que procurara conseguir. Este estilo encuentra un buen equilibrio entre la estructura necesaria para unas expectativas claras y la flexibilidad que exige tratar con situaciones de la vida real.

Opiniones típicas
- una rutina clara y estructurada es muy beneficiosa para los niños;
- los padres necesitan aplicar un poco de flexibilidad al controlar el comportamiento de sus hijos;
- los niños deberían tener algo que decir, por lo menos, en lo que pueden y no pueden hacer;
- yo soy el adulto: acostumbro a saber qué es lo mejor para mi hijo y marco unas fronteras claras para mostrar cuáles son los límites.

Actitudes típicas
- mi hijo necesita saber qué terreno está pisando cuando se trata del comportamiento;
- sé que quiero que mi hijo se porte bien, pero no siempre lo consigo;
- puedo identificarme con los problemas que tienen otras personas con sus hijos;
- procuro no dar bofetones ni gritar a mi hijo, pero entiendo por qué ocurre;
- los niños necesitan criarse en un entorno positivo y cariñoso.

Enfoques típicos
- rutinas claramente estructuradas para el día a día del niño, pero flexibles en caso necesario;
- empleo de recompensas y enfoques positivos cuando sea posible, convirtiendo el buen comportamiento en la opción adecuada y atractiva;
- empleo de castigos como «último recurso», evitando los bofetones y los gritos;
- comprensión clara de lo que se exige y negativa a implicarse en discusiones inútiles.

Ventajas de este estilo

- el niño tiene la sensación de estar implicado en el control de su propio comportamiento;
- unas expectativas claras implican que el niño sabe lo que debe hacer;
- puede recurrirse a la flexibilidad cuando sea necesario, las rutinas pueden adaptarse con poca antelación;
- este tipo de padre, por lo general, suele mantener una relación muy buena con su hijo.

Inconvenientes de este estilo

- puede resultar difícil encontrar y mantener ese equilibrio entre claridad y flexibilidad;
- si el padre es demasiado «firme», pueden surgir los inconvenientes del estilo «estricto y severo»;
- igualmente, si el padre es demasiado «justo», quizá surjan los inconvenientes del estilo «laxo y liberal».

Tercer estilo: laxo y liberal

En gran medida, este estilo de paternidad es consecuencia de las actitudes modernas hacia los hijos. Soy totalmente partidaria de que los niños tengan algo que decir sobre sus vidas siempre que sea posible. La cuestión es si un estilo excesivamente liberal significa que no estamos proporcionando a nuestros hijos la estructura y límites que necesitan.

Opiniones típicas

- nuestros hijos tienen derecho a decidir cómo comportarse;
- sólo se es joven una vez, demasiadas reglas desaniman a los niños;
- los padres no saben forzosamente lo que es mejor para sus hijos;
- me gusta adaptarme y ser flexible, y eso incluye mi manera de controlar el comportamiento;
- todos los niños necesitan el amor de sus padres: ya aprenderán a comportarse cuando les parezca;

- intercambio opiniones con mi hijo sobre cómo debería comportarse, no me corresponde a mí decírselo;
- la creatividad y la imaginación son lo más importante para un niño;
- los bofetones y los gritos son un completo error y un abuso de la posición como padre.

Enfoques típicos
- poca rutina en el día a día del niño, un planteamiento flexible y, en ocasiones, caótico;
- uso de planteamientos positivos y recompensas, evitando los castigos a toda costa;
- nunca se recurre a bofetones o gritos como estrategias de control;
- múltiples juegos imaginativos y actividades creativas desordenadas;
- largas conversaciones sobre el comportamiento inadecuado cuando se produce.

Ventajas de este estilo
- se pide al niño que aprenda a controlar su propio comportamiento;
- hay una gran flexibilidad cuando sucede algo inesperado;
- es poco probable que se produzcan enfrentamientos entre los padres y el hijo;
- por lo general, suele haber un intenso sentimiento de amor y creatividad en el hogar;
- las relaciones entre padres e hijos acostumbran a ser muy positivas y estrechas.

Inconvenientes de este estilo
- el niño no tiene claro lo que está permitido y lo que no lo está;
- en consecuencia, es posible que los límites se pongan a prueba en numerosas ocasiones;
- el no estar dispuesto a emplear castigos puede implicar que el niño «salga impune» con muchas muestras leves de mal comportamiento;
- es posible que la falta de rutinas genere un ambiente caótico y con un excesivo nerviosismo;
- el niño puede tener dificultades para encajar en un entorno más estructurado, como el colegio.

¿Qué tipo de relación quiere?

Cuando analice su estilo como padre, merecería la pena que se tomase algo de tiempo para reflexionar sobre el tipo de relación que quiere desarrollar con sus hijos. Si puede determinar cómo desea que sus hijos le vean, esto le ayudará a entender qué estrategias del libro funcionan mejor para su caso. También verá qué cambios es preciso introducir en su estilo como padre, en el caso de que fuera necesario alguno.

Una parte importante de la decisión sobre la relación padre/hijo consiste en determinar las propias prioridades. Ninguno de nosotros dispone de reservas inagotables de tiempo y debemos tomar decisiones sobre lo que consideramos más importante en nuestra relación.

A continuación, propongo un ejercicio que le ayudará a establecer el tipo de relación que quiere mantener con su hijo y cómo puede emprender su consecución. Observe primero las dos listas de palabras reproducidas seguidamente, que describen cómo le ven sus hijos y el tipo de relación que desea mantener con ellos. Piense cuál de esas palabras encaja mejor en sus propias ideas sobre la relación que mantiene. Posiblemente advertirá que esas palabras guardan una estrecha relación con los distintos tipos de estilos de padres descritos en el apartado anterior.

Una vez examinadas las dos listas, repase la lista de prioridades considerando qué puntos cree que son más importantes y cuáles pueden situarse en los niveles inferiores de la lista. Esto debería ayudarle a decidir qué es lo que desea conseguir en la relación con sus hijos (y con su pareja) y a qué debería conceder menos interés y tiempo.

Es de esperar que completar el ejercicio le ayude a mantener la objetividad sobre lo que puede conseguir como padre de un modo realista.

¿CÓMO ME VEN MIS HIJOS?

amigo
figura de autoridad
persona que impone disciplina
profesor
compañero
cuidador
igual
jefe

¿QUÉ TIPO DE RELACIÓN QUIERO MANTENER CON MIS HIJOS?

cercana
afectiva
distante
cariñosa
afectuosa
estricta
libre
controlada

¿CUÁLES SON MIS PRIORIDADES?

• leer con mis hijos y ayudarles a aprender;
• encontrar tiempo para jugar y divertirme con mis hijos;
• mantener el orden y la tranquilidad en mi hogar;
• infundir a mis hijos amor y seguridad;
• conseguir que mis hijos se comporten lo mejor posible;

- conceder a cada uno de mis hijos la misma cantidad de tiempo y atención;
- el éxito académico de mis hijos;
- su desarrollo emocional y felicidad;
- encontrar tiempo y espacio para mí mismo;
- tomarme tiempo para mantener mi relación con mi pareja;
- realizar viajes y vacaciones que sean estimulantes y emocionantes;
- mantener la casa limpia y ordenada;
- preparar comidas interesantes y nutritivas;
- llevar al día la colada y la plancha.

El comportamiento y sus emociones

Nuestras emociones pueden constituir un obstáculo en el momento de dar la mejor respuesta cuando se produzca un comportamiento inadecuado. Siempre que alguien no se porta bien con nosotros, ya sea un compañero de la oficina o nuestro hijo en casa, resulta casi inevitable reaccionar de un modo emotivo. Pero si permitimos que las emociones tomen el control, no seremos capaces de enfrentarnos a cualquier problema de la mejor manera posible.

A continuación, le propongo que haga un ejercicio que le ayudará a reflexionar sobre sus propias emociones cuando su hijo no se porte bien. La idea de este ejercicio es conseguir que reflexione sobre sus reacciones emotivas ante el mal comportamiento.

1. Lea las siguientes situaciones. A medida que vaya leyendo, piense en cómo se sentiría en cada una de las situaciones que aquí se describen.

Primera situación. Se encuentra en casa con su hijo. Acaba de hacer la colada y la tiene en el cesto de la ropa limpia esperando a guardarla en su sitio. Va a contestar el teléfono y, cuando regresa, descubre que la ropa está desparramada por el suelo.

Segunda situación. Va a visitar a un amigo que tiene un niño de edad parecida a la del suyo. Los niños están jugando con un juguete caro cuando se inicia una pelea. Su hijo golpea en la cabeza a su amigo con el juguete y lo rompe.

Tercera situación. Se ha pasado horas preparando una maravillosa comida para su hijo. Cuando se sientan a la mesa, él se niega en redondo a probar ni siquiera un bocado. Cuando trata de obligarle, coge el plato y lo lanza al otro extremo del comedor.

2. Observe ahora la siguiente lista de palabras. Éstas describen cómo podría sentirse usted en cada una de las tres situaciones. Determine cuál se adecua mejor a las emociones que experimentaría.

enfadado	furioso
incómodo	avergonzado
irritado	tenso
fastidiado	desdichado
disgustado	triste
preocupado	frustrado
angustiado	herido

3. A continuación, tómese su tiempo y considere por qué se siente así cuando su hijo no se porta bien. ¿Algunas de las siguientes afirmaciones resumen lo que siente?

- *Primera situación*. Me he pasado una eternidad haciendo la colada y ahora está desparramada por el suelo y sucia. Ya le he dicho otras veces que no haga eso, pero no hace ni caso. ¿Acaso ni siquiera puedo irme a contestar el teléfono sin que me haga perder el tiempo con sus travesuras?
- *Segunda situación*. Qué embarazoso, mi amigo debe de pensar que no tengo ningún control sobre mi hijo. Le he dicho mil veces que no pegue a otros niños, ¿por qué lo sigue haciendo? ¡Lo peor de todo es que es un juguete carísimo! Ahora voy a tener que pagar una fortuna para sustituirlo.
- *Tercera situación*. Me he pasado horas preparando esta comida, ¿por qué no se la comerá el maldito niño? Lo está haciendo a propósito: sabe el rato que he estado haciéndola. Voy a obligarle a comérsela, eso le enseñará. ¿Cómo se ha atrevido a tirar el plato? Ahora sí va a tener problemas.

4. Ahora piense con detenimiento por qué el niño podría comportarse así en cualquiera de estas situaciones y qué podría estar pasándole por la cabeza. En ocasiones, necesitamos distanciarnos un poco en nuestros pensamientos para ver las cosas desde una perspectiva completamente distinta. De hecho, es sumamente raro que nuestro hijo se comporte mal a propósito para hacernos daño o disgustarnos, aunque a menudo parezca que lo hace.

Por supuesto, no estoy diciendo que no deba hacerse nada cuando se produce un comportamiento inadecuado. Lo que pretendo afirmar es que puede merecer la pena tratar de comprender por qué hace lo que hace. A continuación, incluyo algunas sugerencias sobre cuáles podrían ser los procesos mentales de su hijo:

- *Primera situación*. Anda, mira, una montaña de ropa. ¿Por qué no ayudo a mamá y la ordeno? ¡Huy!, pues todavía no se me da muy bien, ¿verdad? Vaya, mamá no parece muy contenta conmigo; se ha puesto a gritar.

- *Segunda situación*. ¡Quiero ese juguete! ¿Por qué mi amigo no me deja probarlo si yo siempre le dejo jugar con mis cosas cuando viene a casa? ¡No es justo! Vaya, no tenía intención de romperlo; ahora papá se va a enfadar de verdad.
- *Tercera situación*. ¿Qué comida es esta que me ha preparado mamá? No me gusta nada el aspecto que tiene; ya le he dicho mil veces que no me gusta la salsa esparcida por toda la comida, pero no me hace caso. Ahora está tratando de obligarme a comerla, pero me dan ganas de vomitar. Sólo hay una manera de detenerla: si la tiro al suelo, no va a poder obligarme a comerla.

5. Finalmente, piense cómo podría reaccionar de forma distinta en estas situaciones. Imagínese a sí mismo manteniendo la máxima sangre fría y tranquilidad posibles, sin permitir que el corazón se imponga a la razón. ¿Qué haría y diría? ¿Cómo podría abordar estos problemas de una manera fría y tranquila?

Lidiar con las propias emociones

Como profesora, me esfuerzo mucho para que mis emociones no interfieran en la clase; no porque no me preocupen los niños, sino porque sé que si me pongo muy emotiva no seré capaz de enfrentarme a las situaciones difíciles tan bien como debiera. Asimismo, como profesora, si permites que te afecte el comportamiento inadecuado, es poco probable que mantengas el trabajo durante mucho tiempo. Los profesores de colegios que constituyen «un desafío» pueden enfrentarse a diario con niños que les insultan o les maltratan. Esta situación resulta insostenible durante mucho tiempo si permites que te haga daño.

A continuación, incluyo mis mejores consejos prácticos para controlar sus emociones. Llevo desarrollando estas ideas durante años de trabajo como profesora. Como madre, también me esfuerzo lo máximo posible en aplicar estos planteamientos, aunque soy perfectamente consciente de lo complicado que resulta seguir estas ideas.

- *Reaccione con la cabeza y no con el corazón.* Como ya habrá visto al realizar el ejercicio anterior, reaccionar de un modo visceral puede obstaculizar la mejor respuesta ante el comportamiento inadecuado. Nuestra primera respuesta cuando alguien se porta mal con nosotros es, inevitablemente, una reacción emocional. Si un niño se muestra agresivo o insultante, es sumamente fácil reaccionar con el corazón y uno acaba sintiéndose disgustado o poniéndose a la defensiva. Lamentablemente, no es la mejor respuesta para controlar el comportamiento del niño del modo más efectivo posible. En lugar de permitir que el corazón domine las reacciones, intente responder con la cabeza y abordar la situación de un modo intelectual y racional.
- *Mantenga la calma y la sangre fría.* Cuando no se portan bien, los niños son especialistas en leer nuestras respuestas. Su modo de reaccionar le enseñará cómo es usted como persona. Hay que tener presente que el niño también observará sus reacciones como modelo de conducta. Si uno se enfada o pierde los nervios, esta circunstancia proporcionará al niño un estímulo para no comportarse en el futuro. También constituye un mal ejemplo de comportamiento y no desea que su hijo lo repita. Si es capaz de mantener la calma y la sangre fría, el niño tiene menos motivo para repetir el com-

portamiento. Una respuesta fría también enseñará a su hijo el modo adecuado de comportarse.

- *Aléjese.* En ocasiones, lo mejor para nosotros y para nuestro hijo es, sencillamente, alejarnos. Esto resulta especialmente válido para esas situaciones en que el niño se niega en redondo a cooperar o en que corremos peligro de perder los estribos. Si realmente siente que no puede sobrellevar de modo racional lo que está sucediendo, hay que asegurarse de que el niño esté bien e irse a otra parte para que ambos puedan tranquilizarse.

Ser padres en equipo

Con frecuencia, suelen haber varias personas implicadas en la educación de un hijo, ya sean la madre y el padre, los padres y los abuelos, los padres y una niñera, los padres y los empleados de la guardería y el colegio, etcétera. Cuando el niño empieza el colegio, la capacidad de trabajar en equipo resultará fundamental para ejercer un control continuado sobre el comportamiento del niño (véase el capítulo noveno, que incluye abundante información sobre esta cuestión).

Por supuesto, cuando haya dos o más personas trabajando con el niño, este hecho lleva aparejadas sus propias complicaciones a la hora de controlar el comportamiento del pequeño. Es más que probable que los miembros del «equipo» mantengan opiniones distintas cuando haya que decidir hasta qué punto es mejor ser estricto o flexible. Esta circunstancia puede hacer que el niño reciba mensajes desiguales: mamá dice que puedo hacer algo, pero papá dice que no; los padres dicen que es correcto comportarse de una determinada manera, pero los abuelos se quedan estupefactos y horrorizados ante el mismo comportamiento; los padres permiten que haga X en casa, pero eso mismo es totalmente contrario a las reglas del colegio.

Podría ocurrir que el niño empezara a sacar provecho de la situación, enfrentando a un adulto con otro y tergiversando la cuestión de qué comportamiento es el que en realidad se quiere y se espera. Los consejos prácticos e ideas recopilados a continuación contemplan el trabajo de los padres como equipo y también la colaboración con otros adultos para controlar el comportamiento del niño.

- *Cuide su relación.* Es inevitable que la llegada de un bebé conlleve numerosos trastornos en casa. Donde antes sólo había dos, ahora hay otro ser humano que depende totalmente de ambos. Puede resultar difícil encontrar tiempo para mantener el buen estado de la relación cuando se tiene un bebé al que cuidar, pero es fundamental reservarse un tiempo para la pareja. Si uno empieza a reprocharle cosas al otro, esta circunstancia influirá de forma negativa en el modo de tratar el comportamiento de su hijo. Reservarse tiempo para pasarlo como pareja es vital para ejercer la paternidad como equipo. Esto es incluso más cierto en casos de familias con varios hijos. Aunque puede resultar muy arduo reservarse un espacio para sí mismos, con tantas exigencias que les absorben gran parte del tiempo, es un factor realmente indispensable para desarrollar y mantener un sólido equipo paterno.
- *Considérelo como una asociación.* Cuando dos o más adultos trabajan juntos para controlar el comportamiento, es importante desarrollar un sentido de la asociación. No son los padres o cuidadores contra el niño, sino los adultos trabajando en colaboración con el niño para arreglar la situación. Alimentar un sentimiento de colaboración también contri-

buye a evitar las inevitables peleas que pueden surgir al decidir lo que está permitido y lo que no. Encontrará muchas ideas para crear una sólida asociación hogar/colegio en el capítulo noveno.

- *Consiga la ayuda de su «equipo» más amplio.* Si tiene más de un hijo en casa, el equipo incluirá a todos los miembros de la familia. Merece la pena pedir a los hermanos mayores que echen una mano con los más pequeños y explicarles exactamente cuál es la mejor manera de ayudarles. Por supuesto, hay que recompensarles por la ayuda, para animarlos. Esta recompensa puede ser algo tan sencillo como decir: «Gracias por haber sido tan maduro al ayudarme».

- *Emplee métodos de control de comportamiento.* Los métodos que comento en este libro no sólo son válidos para niños, sino que también funcionan sumamente bien con adultos. Si se tienen dificultades para trabajar en equipo con las demás personas responsables del cuidado del niño, ¿por qué no poner en práctica algunas de las estrategias de este libro? Por ejemplo, una de las ideas clave es que los planteamientos positivos siempre resultan más eficaces que los negativos. Con esta premisa en mente, puede elogiar a su suegra por lo estupendamente que ha educado a su hijo/su marido. A continuación, puede pedirle que demuestre lo flexible y adaptable que es probando algunos de los planteamientos más «modernos» del libro de Sue Cowley que acaba de leer. Con esto tendrá más posibilidades de obtener el efecto deseado que si se limita a decir: «Esto es lo que quiero que hagas y debes hacerlo».

- *Albergue expectativas en equipo.* Con varios controladores del comportamiento distintos, es muy importante probar y decidir juntos las expectativas; de lo contrario, se producirán confusiones. Una vez se han determinado las expectativas, hay que tratar de mantenerlas en todo momento lo más similares posibles. Lo que se quiere evitar es la situación en que un niño hace una cosa y mamá dice «¡No!», mientras que, cuando hace lo mismo, papá y la abuela dicen «De acuerdo». El objetivo debe ser, en todo momento, trabajar para conseguir del niño las mismas expectativas. Por supuesto, es relativamente fácil cuando se trabaja con el compañero o cuando se paga para que cuiden a los niños; en cambio, resulta mucho más complicado cuando la otra persona que cuida al niño es un miembro de la familia, tal vez alguien de otra generación, con expectativas distintas sobre lo que es «mejor» para el niño. El mejor consejo que podría dar es que se debe explicar al equipo de cuidadores exactamente por qué tienen tanta importancia las expectativas en equipo. La lista reproducida a continuación precisa tres ideas clave:

— Si las expectativas de comportamiento que albergan los adultos son distintas, resulta muy confuso para el niño, que no sabe qué modelo de conducta seguir.
— Albergar expectativas distintas debilita la posición del individuo adulto cuando llega el momento de pedir lo que uno quiere.
— Proporciona al niño la oportunidad de enfrentarles a unos contra otros diciendo: «Papá/la abuelita me deja hacerlo».

POLI BUENO/POLI MALO

Muchos padres deciden poner en práctica un planteamiento de «poli bueno/poli malo» para tratar a sus hijos. De hecho, a menudo se desarrolla este estilo de paternidad de un modo natural, sencillamente por las personalidades distintas de los padres. Con este tipo de planteamiento, un progenitor actúa como persona que impone disciplina, mientras que el otro asume un rol más reconfortante y moderado. Quien impone la disciplina ha sido tradicionalmente el padre que se va a trabajar, con la amenaza de «cuando tu padre vuelva a casa…» como recurso para fomentar un buen comportamiento. Por supuesto, la situación está cambiando, ya que muchas mujeres también optan por irse a trabajar.

Este planteamiento tiene tanto ventajas como inconvenientes, aunque me inclinaría por defender que tiene más aspectos negativos que positivos. Detallo algunos de ellos a continuación. Por descontado, le corresponde a uno mismo decidir si este estilo de paternidad en particular le funcionaría.

VENTAJAS

- Este planteamiento puede encajar bien con dos personalidades o estilos de paternidad distintos.
- Proporciona un buen modo de aplazar las sanciones (véase pág. 181 para una explicación de este término).
- El «poli malo» puede constituir una sanción efectiva.

INCONVENIENTES

- Atribuir a uno de los progenitores el rol de imponer castigos puede debilitar la posición del «poli bueno» cuando llegue el momento de exigir determinados comportamientos.
- El niño puede empezar a recurrir al «poli bueno» para conseguir lo que quiere.
- Este planteamiento puede generar incoherencias en las expectativas.

- Será preciso mantener los roles de un modo sistemático para que funcione este planteamiento.
- También puede producir tensiones entre los progenitores, ya que pueden estar resentidos por verse obligados a continuar desempeñando el rol que habían determinado.
- El «poli malo» puede mantener una relación menos estrecha con el niño.

Ser padre o madre en solitario

Como ya he mencionado al principio de este libro, ser padre o madre no es nada fácil. Esto tal vez sea especialmente cierto para aquellas personas que se enfrentan solas a este desafío. En este apartado, repaso brevemente los inconvenientes de la paternidad en solitario. Si puede aprender a reconocer estas dificultades, le resultará útil para mantener la objetividad sobre lo que está consiguiendo. También incluyo algunas de las posibles ventajas de trabajar solo, con la esperanza de que se anime a considerar el lado positivo de su situación.

La parte negativa

- Siempre habrá sólo una persona para cuidar al niño o los niños y para resolver los problemas de comportamiento.
- La sensación de que no puede «eludir» la responsabilidad que supone cuidar de su hijo, ni siquiera unos minutos, puede causarle mucho desgaste como persona.
- Tal vez le preocupe que su hijo carezca de un modelo de conducta: el modelo masculino si es madre en solitario o el modelo femenino si es padre en solitario.

- Al estar solo, deberá aprender a asumir ambos roles cuando llegue el momento de educar al hijo.
- Quizá se encuentre en una situación en que la separación del otro miembro de la pareja se haya producido cuando el niño era mayor. Esto podría desencadenar problemas de conducta en el niño porque se siente disgustado o confundido con la separación.

La parte positiva

- Resulta mucho más fácil mantener la coherencia cuando se está solo.
- Siempre le corresponde a uno mismo la decisión en materia de expectativas y determinar exactamente cómo se educará al niño.
- El niño no puede recurrir a nadie más: lo que su progenitor diga es lo que vale.
- Asumir los dos roles le obligará a desarrollar sus habilidades para controlar el comportamiento.
- Puede descubrir que su hijo se vuelve más responsable a una edad más temprana, sencillamente porque no le queda más remedio.

3

Las siete «ces»

En este capítulo voy a examinar lo que denomino las siete «ces». Se trata de siete palabras que, en mi opinión, sintetizan la actitud y el enfoque necesarios para lograr un buen comportamiento de los más pequeños. En tanto que padre, es responsable de enseñar a sus hijos cómo comportarse y debe darles un buen ejemplo tan a menudo como sea posible. Las siete «ces» ofrecen vías para fomentar el comportamiento positivo y también para tratar el comportamiento negativo del mejor modo posible. Cuando se trata de conseguir esto, un buen control del comportamiento tiene mucho que ver con lograr la actitud adecuada.

Las ideas que recopilo en estas páginas son fruto de años de trabajo con niños, tanto en un entorno escolar como en casa. Aunque son fáciles de comprender, no resultan tan fáciles de poner en práctica y es probable que cometa muchos errores en el camino. Una vez dicho esto, con tiempo y bastante esfuerzo, las siete «ces» le ayudarán a que las cosas cambien. Asimismo, con una actitud positiva y llena de confianza al tratar el comportamiento de sus hijos, les equipará con un buen bagaje para lograr un futuro exitoso.

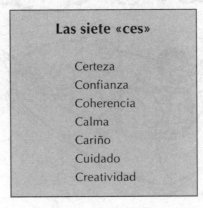

Las siete «ces»

Certeza
Confianza
Coherencia
Calma
Cariño
Cuidado
Creatividad

Certeza

LA PRIMERA «CE» ES DE «CERTEZA»

Lo que necesitan los más pequeños es que sus padres tengan una absoluta certeza de lo que quieren de ellos. Si podemos ofrecer esta certeza, les proporcionaremos un estupendo sentimiento de seguridad. Sabemos exactamente cómo queremos que se porten y, repitiendo lo que queremos una y otra vez, les ayudamos a comprenderlo. Les demostramos lo que consideramos que es una conducta adecuada y lo que creemos que está bien y mal.

Tener certeza de algo es, en realidad, mucho más difícil de lo que podría pensarse. En ocasiones lo que queremos resultará obvio; por ejemplo, si su hija está dando golpes a una mesa de cristal con un plato de porcelana, está claro que usted desea que deje de hacerlo inmediatamente. Sin embargo, también deberá tomar decisiones sobre ámbitos de conducta mucho más personales e individuales. Por ejemplo, cuánta televisión puede ver, qué tipos de comida puede comer, cuáles son las palabras que se incluyen entre las «palabrotas», etcétera. La responsabilidad de tomar esas decisiones nos corresponde a nosotros como padres, sobre todo cuando nuestros hijos son demasiado pequeños para elegir por sí mismos.

Aquí tiene algunas ideas y consejos prácticos que pueden ayudarle a mostrar tanta certeza como pueda con sus hijos:

- *Determine lo que quiere y lo que no quiere*. Como he señalado anteriormente, puede pensar que saber lo que uno quiere es algo muy sencillo. De hecho, es sorprendentemente difícil mostrarse categórico y seguro de lo que espera de sus hijos. Es probable que tenga en mente alguna idea vaga de lo que considera un comportamiento «bueno» o «correcto» y de lo que le parece «malo» o «incorrecto». Pero cuando se trata de definir realmente cómo quiere que se comporten los más pequeños, es difícil estar totalmente seguro. Merece la pena de veras tomarse algo de tiempo para estar totalmente seguro de lo que uno mismo quiere exactamente, para que pueda comunicárselo a sus hijos de un modo claro y sencillo.
- *Defina sus expectativas personales*. En didáctica, a esta idea de tener certeza la denominamos conocer sus «expectativas». Todo buen profesor tendrá unas expectativas muy claras de su clase cuando se trata de su comportamiento. Tal vez espera que escriba una lista de expectativas para que las

siga, pero lo que tienen las expectativas es que son muy distintas para cada uno de nosotros. Algunos albergamos expectativas muy estrictas sobre la conducta de nuestros hijos, mientras que otros permitirán una mayor libertad a sus hijos en el modo de comportarse. Es necesario determinar cuáles son sus propias expectativas personales y no desviarse de ellas por nada del mundo.

- *Apunte alto.* Suele ocurrir que, cuanto más elevadas sean las expectativas que tenga de sus hijos, mejor se comportarán y más posibilidades habrá de que estén a la altura de lo que quiere. A los niños les encanta agradar a los adultos en sus vidas, de manera que exija un nivel alto y haga que aspiren a lo mejor. En el capítulo quinto (págs. 116-118) encontrará abundante información sobre las expectativas; entre otras cuestiones abordo el significado del término y cómo determinar cuáles son las suyas.

- *Cuente el secreto a sus hijos.* Además de saber uno mismo lo que quiere, también debe enseñárselo a su hijo. Nunca hay que dar por sentado que, sencillamente, lo sabrán; es preciso que se lo digan o se lo muestren, una vez por lo menos y, posiblemente, en varias ocasiones, hasta que capten el mensaje. Deje totalmente claro lo que desea y esto ayudará a que su hijo entienda cómo se supone que debe comportarse. Con niños muy pequeños que todavía no entienden lo bastante el lenguaje, deberá enseñarles lo que quiere con sus actos, en lugar de con las palabras.

- *Dé una respuesta consecuente.* Un poco más adelante, en este mismo capítulo, comento la importancia de la coherencia. Una vez tiene claro lo que quiere y lo ha compartido con su hijo, debe asegurarse de responder del mismo modo siempre que se produzca la misma mala (o buena) conducta. El objetivo debería ser asegurarse de que la conducta X siempre produce la respuesta Y. Por ejemplo, cada vez que su hijo pegue a su hermana pequeña puede obligarle a quedarse en una habitación durante un tiempo determinado. Esta repetición ayuda a aprender que ese comportamiento es inadecuado y a entender, además, las consecuencias de sus actos.

- *Exponga lo que quiere.* Cuando las cosas acaban torciéndose y su hijo se porta mal, es necesario exponer muy claramente y con calma lo que quiere. Si el niño es lo bastante mayor como para entenderlo, también merece la pena comentar brevemente por qué ese comportamiento resulta inaceptable. Deje bien claro lo que desea y diga al niño lo que sucederá si abandona ese mal comportamiento (o, si es necesario, lo que sucederá si continúa comportándose así). Adoptar este planteamiento contribuirá a evitar las riñas continuadas y los gritos, un enfoque que no suele resultar muy efectivo. Le obligará a ser muy específico en sus requerimientos y expectativas, y esperemos que también sea de utilidad para mantener la calma y la sangre fría.

Aunque este enfoque no arrojará resultados inmediatos, si consigue ceñirse a él una y otra vez, el niño acabará asimilando el mensaje.

Puede decir cosas como:

— *«Quiero que dejes de comportarte de forma X ahora mismo, por favor».*
— *«Tienes que dejar de hacer eso porque es peligroso/absurdo/sucio».*
— *«Si dejas de hacer eso ahora mismo, el resultado será X».*
— O bien: *«Si no dejas de hacer eso ahora mismo, el resultado será X».*

- *Trate de mostrarse sorprendido en lugar de enfadado.* Otra medida muy efectiva, cuando un niño no cumple sus expectativas, es reaccionar con sorpresa en lugar de enfadarse. El pensamiento subyacente es que uno aspira a que haga las cosas lo mejor posible y, cuando no está a la altura, le decepciona. Puede responder a la conducta inadecuada diciendo con tono sorprendido: *«No puedo creer que hagas eso, te has portado tan bien esta mañana cuando has ayudado a vestir a tu hermanito...».*
- *Emplee afirmaciones que empiecen por «(Yo) quiero».* El objetivo debe ser decir al niño lo que quiere que haga, en lugar de pedírselo. Esto contribuye a que parezca muy seguro de sus requerimientos. Como deja tan claro lo que desea, el niño captará su actitud y cabe esperar que se dé cuenta de que la mejor opción es obedecer. Una vez ha afirmado lo que desea, puede comunicarle cuál será el resultado si obedece. Trate de decirle las cosas positivas que sucederán si hace lo que le dice, en lugar de centrarse en las cosas negativas que pueden ocurrir si no lo hace. Una recompensa siempre resulta más tentadora que un castigo. Si es posible, procure utilizar esas afirmaciones que empiecen por «(Yo) quiero» para las conductas positivas, como en los ejemplos siguientes. Se trata de dos sugerencias con algunas de las consecuencias posibles:

  — *«Quiero que dejes de tirar la comida inmediatamente. Si lo haces, te dejaré probar este delicioso pastel».*
  — *«Quiero que me ayudes a hacer la colada. Si lo haces, esta noche te dejaré ver la televisión media hora más».*

- *Céntrese en lo positivo.* Resulta muy fácil explicitar lo que no queremos, pero, como ya he destacado en todo este apartado, es mejor centrarse en lo que sí queremos. No hay que olvidarse de dejar claro al niño que el buen comportamiento trae aparejadas recompensas, además de que el mal comportamiento es motivo de castigos. Procure que los elogios sean más frecuentes que los castigos, porque los métodos positivos siempre funcionan mejor cuando se trata de la conducta; con todo, por supuesto, acepto que en algún momento habrá necesidad de castigar. Algunas veces, puede distraer al niño y evitar que se porte mal sugiriendo una alternativa positiva; otras veces, puede considerar que, de hecho, es importante corregir un comportamiento inadecuado que ya se ha producido.

Confianza

La segunda «ce» es de «confianza»

Tener confianza es muy importante para conseguir que los más pequeños de la casa se porten bien. Los padres que tienen confianza en lo que quieren transmitirán una sensación de seguridad a su hijo. Si los niños ven que el progenitor habla en serio, no da ocasión a que le fastidien: acabarán dándose cuenta de que, sencillamente, es mejor hacer lo que les está pidiendo.

Resulta sorprendente la fuerza con que pueden transmitirse a los hijos los sentimientos más íntimos. Encontrará abundante información sobre las maneras de emitir señales en el capítulo sexto. Si demuestra confianza al controlar el comportamiento, esto también contribuirá a que se sienta mejor consigo mismo como padre. Tenga presente que no es necesario sentir realmente una confianza interna, sólo hay que aparentar que se siente.

A continuación, recopilo algunos consejos prácticos sobre distintas maneras que ayudan a parecer confiado y mantener esa apariencia cuando las cosas se complican.

- *Deje claras sus expectativas.* Resulta fundamental dejar claro lo que se quiere y compartir con sus hijos esa información: merece la pena repetir este punto una y otra vez, porque es de suma importancia.
- *Manténgase firme, pero sea razonable.* Cuando exija algo a su hijo, asegúrese de que lo que pide sea justo. Manténgase firme con lo que quiere y, siempre que sea razonable, no acostumbrará a haber ningún motivo que le impida obtener lo que quiere.
- *Aprenda a comunicarse con el cuerpo.* Su confianza como responsable de controlar el comportamiento se transmitirá con todas las señales que envíe a su hijo, en particular con las expresiones faciales y el lenguaje corporal. Todos, de forma instintiva (y, a menudo, subconsciente), «leemos» a las demás personas por la postura que adoptan, su modo de utilizar el rostro y demás. Procure reflejar una apariencia externa confiada, aunque por dentro sea un montón de contradicciones. El capítulo sexto aborda con detalle este terreno fascinante.
- *Persevere.* Si lo que está pidiendo es bastante razonable, suele merecer la pena perseverar con plena confianza. Siempre que sus exigencias sean justificadas, recuerde que usted es el adulto, sabe lo que es mejor y ceñirse a lo que quiere significa hacer lo mejor para su hijo. Por ejemplo, si casi ha terminado de preparar la cena y su hijo ha comido bien, no hay ningún motivo para que pique algo y pierda el apetito. A medida que los niños van creciendo, es probable que le resulte mucho más fácil mantener la firmeza en cuestiones como ésta.

- *Sepa lo que es bueno para ellos.* Si ha hecho todo lo necesario como padre, hace un flaco favor a su hijo al concederle todos los caprichos. Los niños deben aprender que lo que su progenitor dice suele estar bien y que sus peticiones razonables no deben ponerse en tela de juicio. A veces, todos debemos hacer cosas que no necesariamente queremos y esto incluye también a nuestros hijos.

- *No tire la toalla cuando surja el primer escollo.* Cuando se determina una expectativa, es sumamente importante no tirar la toalla en el momento en que aparece el primer escollo. Sé lo difícil que resulta; en ocasiones, sentirá la irresistible tentación de abandonar en aras de una vida tranquila. El problema es que, cada vez que abandona, está demostrando falta de confianza en sus expectativas. La clave radica en hacer hincapié en el mensaje que sabe que quiere y pretende obtener.

Coherencia

La tercera «ce» es de «coherencia»

Es fácil decir que hay que ser coherente, pero muy difícil hacerlo. Un padre consecuente tratará de mantener claras sus expectativas y de obtener siempre la misma conducta con la misma reacción. Por ejemplo, su hija está jugando en el jardín y tira una piedra a su hermana pequeña. Su respuesta consecuente ante esta acción es que no se ajusta a las expectativas que tenía sobre su comportamiento. Como sanción, puede llevarla dentro y dejarla en su habitación. Si hace esto cada vez que se repita la mala conducta, ella enseguida establecerá la relación entre lo que ha hecho y el castigo que ha recibido por hacerlo.

Esta sanción en concreto funciona de varias maneras. En primer lugar, deja perfectamente claras sus expectativas de buen comportamiento. Asimismo, transmite el mensaje de que, si no puede jugar fuera como es debido, no se le permitirá salir. Finalmente, le dice que la reacción suscitada por haber hecho daño a su hermana es perder su atención. El mensaje que le está transmitiendo es que, si no puede comportarse como es debido, deberá asumir las consecuencias.

Resulta difícil mantener una postura consecuente. Con frecuencia, podría parecer más fácil, sencillamente, «ceder» ante su hijo, sobre todo cuando uno está cansado, estresado o, simplemente, desea vivir tranquilo. Sin embargo, cada vez que cede y permite que su hijo haga algo que no se ajusta a sus expectativas previas está acumulando problemas para el futuro.

Los dos apartados siguientes le ayudarán a comprender mejor por qué hay que ser consecuente. Examino en primer lugar por qué tiene tanta importancia ser consecuente para repasar, seguidamente, varias maneras de lograr esa actitud con su hijo.

SER COHERENTE: ¿POR QUÉ TIENE TANTA IMPORTANCIA?

- *Conductas «Sí/No»*. En todo momento, nuestros hijos están aprendiendo conductas «Sí/No». Se trata de aquellas conductas que están permitidas y son bien recibidas, y de aquellas que no están permitidas. Cuando nos enfrentamos a distintos tipos de comportamiento, es preciso dejar perfectamente claro cuáles son aceptables, o conductas «Sí», y cuáles no lo son, o conductas «No». En ocasiones, resulta tentador dejar que las cosas sigan su curso cuando el niño hace algo que no está demasiado mal. Sin embargo, esto no hace más que complicarlo todo: es mejor ser consecuente siempre que sea posible.

- *Evitar la confusión*. Si permitimos un determinado comportamiento en una ocasión y la vez siguiente no lo permitimos, el niño se sentirá confundido. No entenderá lo que queremos, porque le estaremos transmitiendo señales confusas. El niño deberá seguir probando la mala conducta hasta que pueda determinar si está permitido o no. Cuanto antes dejemos claro lo que está permitido y lo que no, mejor será para nuestros hijos.

- *Proporcionar seguridad*. Ser consecuente también ayuda a proporcionar seguridad a los niños. Empiezan a comprender que, si hacen algo, mamá o papá siempre responderán del mismo modo. Mentalmente, empiezan a darse cuenta de que: «Si hago esto, mamá estará contenta; si hago esto, se enfadará». Esto les ayuda a establecer una pauta para su conducta y también para sus vidas.

SER COHERENTE: ¿CÓMO LO HAGO?

Una de las razones que explican por qué es tan difícil lograr un buen control del comportamiento es que debemos procurar evitar algunas de las reacciones más naturales e instintivas. Está muy bien que yo le aconseje ser consecuente, pero a veces estará cansado, tendrá dolor de cabeza, estará de mal humor y demás. Es muy difícil mantener las respuestas adecuadas cuando no se está de humor. No tema disculparse cuando no lo haga bien: no tiene nada de malo demostrar que uno es humano.

No obstante, para que el control del comportamiento resulte más efectivo, es importante que la misma conducta del hijo suscite normalmente la misma respuesta en el padre. El objetivo debe ser tratar de superar sus reacciones iniciales. Aquí tiene algunos consejos prácticos para lograrlo.

- *Reprima la primera reacción.* Cuando su hijo no se comporte bien, reprima su primera reacción, que puede ser ira o irritación. No será capaz de ofrecer una respuesta consecuente si está de mal humor.

- *Ocúpese primero de usted y, después, del niño.* Tómese unos minutos para tranquilizarse antes de reprender al niño. Aprenda a responder ante este comportamiento con la cabeza y no con el corazón. Lo que esto significa es que tiene que analizar la situación desde un punto de vista intelectual y racional, y no permitir que las emociones le dominen.

- *Manténgase en sus trece.* Nos dirigimos a algún sitio con el niño y sentimos la tentación de dar media vuelta. Por muy tentador que resulte ceder y cambiar de opinión cuando el niño llora o tiene una rabieta, intente no hacerlo. El problema es que, sencillamente, confunde al niño y eso significa que tardará más tiempo en entender lo que quiere. Siempre es mucho mejor ceñirse a lo que ha decidido una vez se ha puesto en marcha.

- *Intente no cambiar de opinión.* Uno de los problemas que se plantean cuando no hemos decidido previamente las expectativas es que las vamos determinando sobre la marcha. Por ejemplo, decide que va a plantarse y no va a permitir que Amy diga «culo» ni una vez más. Sin embargo, cuando se ha enfrentado a ese problema en ocasiones anteriores, se ha limitado a «dejarlo estar». Será difícil que Amy lo comprenda. Ha estado recibiendo un mensaje (que está bien decir «culo») y ahora le está diciendo totalmente lo contrario. Si desea cambiar de táctica a mitad de camino con respecto a una conducta que antes había permitido, es necesario que el niño sepa lo que está sucediendo. Puede hacerlo de la siguiente manera:

— Siente al niño y explíquele la nueva regla.

— Conviértala en un desafío positivo para el niño; por ejemplo, puede decir: «Ahora que eres mayor, también puedes portarte mucho mejor; vas a dejar de hacer eso».

— No deje de reafirmar la nueva expectativa, pero no espere resultados inmediatos. Dé al niño un poco de margen hasta que comprenda totalmente sus nuevos deseos.

Calma

La cuarta «ce» es de «calma»

Como ya he señalado con anterioridad, una de las cosas más difíciles que tiene el control del comportamiento es que uno debe intentar reaccionar de un modo que no resulta natural para la mayoría de nosotros. Si alguien le hace la vida imposible, se muestra grosero o insultante con usted, la reacción instintiva es defenderse, ya sea gritando, pegando o huyendo. Desafortunadamente, estas respuestas no ayudan a enfrentarse con el comportamiento inadecuado de nuestros hijos, ni les animan a comportarse mejor en el futuro.

Tenga presente que sus hijos están aprendiendo de usted en todo momento y esto es especialmente válido para sus reacciones cuando ellos hacen algo que no está bien. Usted es el adulto y como tal le corresponde no perder la calma. Imagine cómo se siente un niño cuando ve que su padre pierde el dominio de sí mismo o se enfurece completamente. Podría sentirse muy disgustado, o bien la reacción podría incitarle a comportarse mal otra vez para presenciar la repetición de su actuación.

Diversas razones explican por qué es tan importante mantener la calma ante el niño:

- Le ayudará a abordar la situación de la mejor manera posible. Si está enfadado o tenso, no estará en condiciones de responder de forma racional. Podría exagerar cosas menores y convertirlas en algo más importante, cuando realmente no hay ninguna necesidad; o bien se dejaría arrastrar a una acalorada discusión con su hijo, cuando lo mejor que puede hacer es abordar con tranquilidad la situación.
- Ofrece a su hijo un buen ejemplo de conducta apropiada. Usted es un modelo de «buen» comportamiento para ellos en todo momento. Si ven que pierde los estribos, pensarán que ellos también pueden comportarse así.
- Puede ayudar a tranquilizar o calmar a un niño muy nervioso o agresivo. Es su deber como padre. Su hijo todavía no ha aprendido a controlar sus respuestas cuando se enfada. En tanto que adulto, usted debería ser capaz de hacerlo, al menos, un poco mejor que su hijo.

Las siguientes recomendaciones le ayudarán a mantener esa reacción tranquila, por difícil que resulte:

- *Considérelo como un problema del niño*. Trate de no ver el mal comportamiento como una reacción que se dirige deliberadamente contra usted: lo más probable es que no sea así. Muy pocas personas se portan mal a propósito para herir o incomodar a un tercero, sobre todo a una temprana edad. Los niños aún no son capaces de controlar totalmente sus actos. De hecho, también puede decirse lo mismo de muchos de nosotros, que somos adultos. Recuerde que, si su hijo todavía no ha aprendido a comportarse de manera apropiada, es su responsabilidad enseñarle a hacerlo, en lugar de molestarse por ello.
- *Acepte que no es fácil*. Piense lo fácil que le resulta ponerse

nervioso, ya sea por el mal comportamiento o, sencillamente, porque esté pasando una mala época. Ahora piense lo mucho más difícil que debe resultar para su hijo. Acepte que portarse bien no es fácil para su hijo y será menos probable que se enfade.

- *No se ponga a la defensiva.* Cuando alguien nos «ataca» siendo grosero, desobediente o agresivo, lo más fácil es ponerse a la defensiva. Siente como si su hijo estuviera dirigiendo ese mal comportamiento contra usted de forma deliberada, pero posiblemente no sea así. Procure no ponerse a la defensiva cuando se enfrente a un comportamiento difícil. Si acaba haciéndolo, es probable que pierda la sangre fría, y esta actitud no le ayudará a abordar la situación ni a ocuparse de su hijo.

Cariño

LA QUINTA «CE» ES DE «CARIÑO»

Uno se siente tentado a pensar que, para querer a nuestros hijos, debemos permitir que hagan justamente lo que quieran. En realidad, prodigar afecto suele significar lo contrario. Los padres que se preocupan por sus hijos desean lo mejor para ellos y esto implica enseñarles a portarse bien. De este modo, podemos ayudarles a comprender las «normas» de la sociedad y prepararles para cuando salgan al inmenso mundo exterior y tengan que gestionar su comportamiento ellos solos. Ser estricto no significa no querer a sus hijos.

Existen muchas maneras distintas de adoptar un planteamiento más cariñoso en tanto que padre. Apunto aquí algunas ideas para que las considere:

- *Disfrútelos al máximo*. Sus hijos únicamente son pequeños durante un corto período de tiempo. Una vez ha pasado su infancia, no podemos volver a ella. En ocasiones, perdemos de vista este hecho y nos sumimos en un estado de ánimo en el que vemos a los niños como motivo de desavenencias y no como una fuente de amor y disfrute. Aproveche al máximo los buenos ratos juntos. Disfrute mimando a su hijo si está disgustado; tómese la molestia de escucharle si se siente desdichado. Encuentre el mayor número posible de maneras de demostrarle lo mucho que le quiere y no se guarde su amor para sí mismo.

- *Regálele tiempo*. El tiempo y la atención son dos de las cosas más valiosas que podemos ofrecer a nuestros hijos. Sé lo difícil que resulta dedicarles tiempo cuando se está ocupado con el trabajo o la casa. Esto es especialmente válido para quienes tienen varios hijos. Pero si les dedica el máximo tiempo posible y les demuestra lo mucho que les quiere, es inevitable que mejore la relación que mantiene con su familia.

- *Tómese en serio sus pensamientos y sentimientos*. En ocasiones, podemos sentirnos tentados a hacer caso omiso de los sentimientos de nuestros hijos e imaginar que sólo se están poniendo «tontos» cuando se disgustan. Trate de tomarse en serio las preocupaciones de sus hijos; por ejemplo, tomándose tiempo para hablar las cosas cuando su hijo tenga miedo. Esto contribuirá a demostrar lo mucho que le quiere y ayudará a su hijo a comprender que usted sólo es estricto porque desea lo mejor para él.

- *Recuerde lo que era ser un niño*. Trate de ponerse en el lugar de su hijo alguna vez, para comprender qué está pensando y cómo se siente. Cuando miro hacia atrás y recuerdo mi infancia, las cosas parecían tener mucha más importancia que ahora. Hechos o comentarios que podrían parecer nimios de adulto, significaban muchísimo cuando era niña. Si pudiera retrasar el reloj en algunos momentos y adoptar la mentalidad de su hijo, sería capaz de entender mejor por qué se comporta así.

- *Explique lo que hace.* Cuando se vea obligado a tomar medidas enérgicas contra el mal comportamiento, tómese tiempo para explicar por qué debe hacerlo. Enseñe a su hijo que no está siendo estricto por el bien de usted, sino para beneficiarlo a él. Una vez más, es otro de los aspectos de demostrar que es un padre que se preocupa. La idea consiste en desarrollar una relación en la que colabore con su hijo para que las cosas salgan bien.

- *Explique las sanciones que impone.* En la misma línea, cuando deba imponer un castigo, vale la pena explicar exactamente lo que está sucediendo. Entre otros aspectos, podría comentar por qué se ha merecido esa sanción en concreto o cómo podría evitarse en el futuro.

- *Mire siempre el lado positivo.* Realmente, siempre merece la pena mirar el lado positivo cuando nos ocupamos de nuestros hijos. Si sorprende a su hija portándose bien, póngala por las nubes. Esto contribuirá a enseñarle su lado afectuoso y cariñoso como padre. Controlar el comportamiento no sólo es enfrentarse a los momentos difíciles, también es animar y ayudar a su hijo para que haga las cosas bien.

Cuidado

La sexta «ce» es de «cuidado»

Cuando tratamos a niños, puede resultar tentador hacer caso omiso de sus pensamientos y sentimientos creyendo que, como somos adultos, sabemos más que ellos. Dado que son más pequeños que nosotros, puede ocurrir que, en ocasiones, tratemos a nuestros hijos de un modo que sugiera que son menos importantes que nosotros, a veces sin darnos cuenta de que lo estamos haciendo.

Como he señalado anteriormente, cuando uno es joven las cosas parecen importar mucho más: somos mucho más vulnerables ante la inseguridad. Lo que usted podría ver como una reprimenda porque está de mal humor, puede resultar, de hecho, muy doloroso para su hijo. A los niños les cuesta mucho ser racionales del mismo modo que lo somos nosotros, los adultos, y esto es especialmente válido cuando se trata de comprender las emociones de otras personas. Por ejemplo, si se enfada con su hijo, él puede imaginarse que eso significa que ha dejado de quererle, cuando, en realidad, simplemente se siente estresado.

Algunos consejos prácticos le ayudarán a tratar a sus hijos con el cuidado y la consideración que todos nos merecemos:

- *Trátelos como haría con cualquier adulto.* Si trabaja en una oficina, nunca se le ocurriría decir «cállate» a un compañero, ni decirle «no seas tonto», ni gritarles sin venir a cuento. Por desgracia, resulta muy fácil que esto suceda cuando tratamos a nuestros hijos. Podría ser que se sintiera particularmente cansado o estresado, o tal vez el niño estuviera causando especiales problemas. En la medida en que le sea posible, intente tratar a su hijo como a cualquier otro adulto, por mucho que le ponga a prueba.

- *Póngase en su lugar.* Cualquier comentario que haga al niño puede ser igual de impactante (si no más) que si se lo hiciera a otro adulto. Trate de ponerse en el lugar de su hijo y comprender cómo se vería lo que usted hace o dice desde su punto de vista. Ser capaz de ver y comprender la perspectiva que tiene otra persona de una situación constituye un aspecto fundamental de un buen control del comportamiento.

• *Evite el sarcasmo a toda costa.* Como profesora (y como madre), debo confesar que he recurrido al sarcasmo en varias ocasiones. Sin embargo, después siempre me doy cuenta de que, en realidad, no era lo más adecuado. En tanto que adultos, comprendemos lo que significa el sarcasmo y puede que, incluso, lo encontremos divertido (aunque, posiblemente, no cuando alguien esté siendo sarcástico con nosotros). Los niños aún no son capaces de entender esta forma de ingenio y puede que se lo tomen a pecho. Procure pensar antes de hablar, para ayudarse a evitar ese comentario sarcástico y cortante que podría estropear de verdad la relación con su hijo.

• *Procure no reírse de ellos.* Sé lo fácil que es reírse de un niño, sobre todo cuando se molesta por algo que no parece importante o cuando hace alguna tontería. Lamentablemente, los niños pueden malinterpretar que un adulto se ría de ellos. Intente tomarse en serio los sentimientos de sus hijos, procurando no reírse de ellos a menos que estén contando un chiste.

Creatividad

La séptima y última «ce» es de «creatividad»

Finalmente, la creatividad tiene gran cabida cuando se trata de paternidad. La creatividad puede significar muchas cosas distintas. Puede consistir en experimentar con nuevas recompensas para ver si resultan efectivas; o en encontrar maneras interesantes u originales de animar a su hijo para que se porte mejor.

Los niños suelen poseer un marcado sentido de la creatividad. Les encanta usar su imaginación; por ejemplo, secundar las historias o ficciones que usted crea para ellos. También les encanta implicarse en proyectos creativos, como, por citar otro caso, ayudarle a crear un gráfico donde pueda recompensarse el comportamiento positivo.

Más adelante encontrará algunas ideas sobre cómo convertirse en un padre más creativo para su hijo. Aporto ideas sobre el control del comportamiento y también sugerencias que permitan usar la creatividad para fomentar el desarrollo del niño y mejorar la relación que mantiene con usted. En cuanto empiece a utilizar estos planteamientos creativos, puede suceder que acabe ideando muchos más enfoques nuevos y propios. Deje volar la imaginación cuando intente encontrar más ideas creativas para ponerlas en práctica en casa.

CREATIVIDAD Y CONTROL DEL COMPORTAMIENTO

- *Experimente con nuevas ideas y planteamientos.* No tema probar nuevas ideas al controlar el comportamiento de sus hijos. Con frecuencia, el temor a que una idea pueda fracasar nos impide probar algunos planteamientos experimentales que, en la práctica, podrían funcionar realmente bien. De hecho, para salir airosos, necesitamos incrementar el porcentaje de fracasos y asumir riesgos algunas veces. Por ejemplo, podría probar una sanción original y divertida, como pedir a su hijo que se ponga a la pata coja y cante una canción infantil a pleno pulmón. El elemento divertido de estas ideas poco habituales contribuirá a construir una relación mejor con su hijo.
- *Utilice el mundo de la imaginación.* A los niños les encantan las historias y la fantasía. Son excelentes a la hora de

sumergirse sin condiciones en mundos ficticios, una capacidad que, según parece, vamos perdiendo a medida que nos hacemos adultos. Podemos crear esos mundos imaginarios para nuestros hijos o permitir que propongan sus propias ideas. Puede utilizar esas ideas imaginativas como ayuda para controlar el comportamiento de sus hijos. Por ejemplo, si pretendo que mis alumnos se desplacen por el aula en silencio, les digo que se imaginen que están caminando por la espalda de un monstruo dormido y que no deben despertarle. Esto les proporciona la inspiración para comportarse exactamente como deseo. Haga del buen comportamiento algo divertido para sus hijos y costará poco conseguir que obedezcan.

- *Busque formas distintas de resolver el problema.* Cuando se enfrente a un problema, procure recurrir al pensamiento lateral para dar con una solución nueva y creativa. Procure centrarse en los planteamientos y recompensas positivos, en lugar de optar de inmediato por el uso negativo de las sanciones. Por ejemplo, si su hija no quiere sentarse bien en la silla para comer, podría trabajar con ella para decorar la silla como si fuera un trono. Entonces, cuando quiera que se siente para comer, puede ponerle una corona de juguete en la cabeza y llamarla «la reina de la silla». Este planteamiento positivo y original aleja el centro de atención del «¡Siéntate en la silla o, si no, verás!» y lo sitúa con firmeza en una idea más positiva, basada en la recompensa, que consiste en lograr que la silla parezca irresistible. Es muy posible que esto solucione el problema sin tener que imponer sanciones.

- *Busque ideas creativas para las sanciones y las recompensas.* Igualmente, por qué no intentar encontrar algunas ideas creativas para las sanciones y las recompensas. Por ejemplo, con un niño muy aficionado al fútbol, podría vincular las sanciones al deporte, elaborando tarjetas amarillas y rojas como las que utilizan los árbitros en los partidos. Cuando tenga que sancionarle, puede mostrarle una tarjeta amarilla, con la advertencia de que será «expulsado» con una tarjeta roja si merece una segunda amonestación.

- *Uso de planteamientos imaginativos.* A todos los niños les encantan las historias y son rápidos a la hora de sumergirse sin condiciones en un mundo ficticio. Podemos contribuir a fomentar ese aspecto de las personalidades de nuestros hijos utilizando con ellos ideas imaginativas. También podemos usar estos planteamientos imaginarios para fomentar el buen comportamiento y desalentar el mal comportamiento. Por ejemplo, puede utilizar una marioneta o un peluche para responder a la conducta de su hija «adoptando un rol», haciendo servir el juguete para distraerla si se está portando mal o para consolarla si está disgustada. El muñeco, además, podría hablar con una voz divertida o triste para captar la atención de la niña.

- *La capacidad de distracción.* La distracción puede constituir una estrategia muy útil cuando sea preciso entretener a un niño y alejarle de una conducta inapropiada. Sea creativo con las ideas que utiliza para distraer a su hijo. Por ejemplo, puede hacer ruidos divertidos, soplarle en la barriga para hacerle cosquillas, fingir que es un mono y cosas por el estilo. ¡Una vez más, la clave para ser creativo es liberar al niño grande que todos albergamos en nuestro interior!

CREATIVIDAD, DESARROLLO Y MEJORES RELACIONES

- *Sea usted un «niño grande».* La clave para ser unos padres creativos es no tener miedo a ser un niño grande en alguna ocasión. Esto implica no tener miedo a arrimar el hombro, a ser un poco tonto o estúpido cuando trate a su hijo. A medida que vamos creciendo, tendemos a dejar atrás nuestro lado infantil; es una auténtica lástima. Cuando se tienen hijos, se disfruta de la oportunidad de revivir la época en que uno era más joven, más libre. Cuanto más infantil pueda ser con su hijo, más intensa será la conexión que establezca con su lado imaginativo y creativo.

- *Desarrollar juegos imaginativos.* Existen tantos juguetes fantásticos en estos momentos que resulta muy fácil encontrar algo que cautive la imaginación de su hijo. Sin embargo, me pregunto si esos juguetes implican olvidarse de lo poderosa que puede ser la imaginación de nuestros hijos. Procure darles objetos que les obliguen a desarrollar la imaginación y trabaje con ellos para ver qué pueden crear juntos. Estas actividades lúdicas y creativas son estupendas para conseguir que varios niños trabajen juntos, intercambien ideas y desarrollen mejores relaciones entre hermanos. Por ejemplo:

  — Una caja de cartón vacía puede convertirse en un enorme buzón donde sea posible echar carta o en un enorme barco con el que «naveguen» por el mundo.
  — Una sábana vieja puede convertirse en una alfombra mágica, donde sus hijos se lean historias entre ellos, o una tienda de campaña para encender linternas debajo.

- *¡Pongámonos hechos un desastre!* En ocasiones, puede ser muy divertido y una experiencia realmente positiva ponerse hecho un desastre con sus hijos. Sé que resulta muy tentador evitar estas actividades, porque lo último que uno quiere es una casa que parezca un campo de batalla y todavía más cosas que ordenar. Cada vez hay menos tiempo en el colegio para realizar este tipo de actividades, así que hacerlas en casa con sus hijos contribuirá a garantizar una educación equilibrada. Pase tiempo con sus hijos poniéndolo todo patas arriba y esto ayudará a sacar el niño que ambos llevan dentro. Por qué no probar, por ejemplo:

— Juegos de agua, como llenar de agua un recipiente y probar con diversos objetos para ver si se hunden o flotan.
— Sacar las pinturas y pasar un buen rato pintando huellas con las manos y los pies.
— En verano, salir al jardín, un espacio que ofrece montones de oportunidades para jugar ensuciándonos (¡y donde luego no hay que recoger nada!), como hacer agujeros en la arena, cavar, etcétera.

4

El comportamiento en cada edad

La manera de comportarse de nuestros hijos va cambiando con el tiempo. Desde el bebé que no comprende casi nada de lo que significa «comportamiento», pasando por el niño pequeño que sabe lo que quiere y no teme hacérselo saber, hasta el moderno preadolescente que está en la cúspide de la pubertad. En este capítulo repaso el comportamiento en las distintas edades durante los diez primeros años, desde el bebé hasta el preadolescente.

De hecho, cuando se trata de controlar el comportamiento, hay muchas estrategias que funcionan igual de bien con un bebé que durante la adolescencia y los años posteriores, introduciendo sólo algunos pequeños cambios. Al final de este capítulo, proporciono una breve introducción a algunas estrategias para tratar al adolescente, una época en que el hijo va camino de convertirse en adulto y, muy a menudo, las técnicas que utilice deberán adaptarse a la nueva situación que afrontan juntos.

Los consejos que proporciono en todo el libro son muy amplios y le ayudarán a abordar el comportamiento de niños de distintas edades. Sin embargo, hay algunas ideas y consejos que funcionarán mejor en determinados momentos de la vida del niño. En este capítulo, describo a grandes rasgos cómo puede comportarse su hijo en cada etapa y también doy algunos consejos que son aplicables de forma específica a esas edades de la vida del niño.

A medida que su hijo vaya creciendo, será cada vez más consciente de lo que significa portarse bien y portarse mal. Igualmente, cada vez tendrá más capacidad de controlar sus propias respuestas. Cuando empiece el colegio, cabe esperar que sea capaz de asumir la responsabilidad de sus propios actos y comprender las posibles consecuencias de lo que hace. Si consigue esto como padre, le garantizo que muchos profesores se lo agradecerán.

Ser un bebé

Ser un bebé diminuto debe de parecerse un poco a aterrizar en un planeta extraterrestre. No entiendes lo que son las cosas y no hablas ni una palabra del idioma. Aunque te esfuerces mucho para comunicar tus pensamientos y sentimientos, casi te parece imposible hacer entender a la gente lo que estás intentando trasmitirles.

La primera manera que tienen los bebés de decirnos lo que quieren es llorando o gritando. Es uno de los pocos métodos de que disponen para comunicarnos lo que está sucediendo en sus mentes y cuerpos. Un grito le dirá que su bebé tiene hambre; otro, que está cansado y otro más indicará que está aburrido. El bebé también transmite su estado interno por mediación de las señales que emite con su cuerpo; por ejemplo, tirándose de la oreja o bostezando cuando está cansado.

Cuando el bebé grita, resulta difícil escuchar y entender los distintos ruidos que emite. De hecho, se ha demostrado que los gritos de un bebé se diferencian enseguida, ya que está tratando de comunicarle sus distintas necesidades. También nos resulta difícil «leer» el lenguaje corporal de un bebé, sobre todo si es nuestro primer hijo. ¡Debe de resultar muy frustrante para él que nosotros, los malditos adultos, no parezcamos entender lo que está «diciendo»!

En esta etapa de la vida, un niño no sabe nada, o muy poco, del mundo donde vive. Durante las primeras semanas, el pequeño bebé ni siquiera sabe quiénes son sus padres. Sus actos son totalmente instintivos: se limita a responder a sus inmediatas necesidades de sueño, comida y comodidad. A cambio, nosotros, sus padres, respondemos de un modo igualmente instintivo cuando él nos pide ayuda.

Es un proceso muy natural atender rápidamente los deseos de un bebé que llora y siempre es exactamente la opción correcta. Tal vez haya visto esas desgarradoras imágenes de orfanatos en los países del Este, donde se dejaba solos a los niños, retenidos en sus camas, llorando para conseguir atención. Si nadie acude cuando un bebé llora, aprende que no merece la pena molestarse. En su mente, ya está estableciendo un vínculo que le dice: no sirve de nada expresar lo que quiero, porque nadie viene a dármelo. Esto resulta muy perjudicial para el desarrollo de un niño, sobre todo en esta etapa tan temprana. Los bebés necesitan sentirse queridos y sentir que les cuidan. Durante las primeras semanas y meses, el deber de los padres es prodigarles estos sentimientos tanto como sea humanamente posible.

El comportamiento de los bebés

Cuando llegan al mundo, los bebés, hasta cierto punto, son como una «pizarra en blanco», sobre todo en lo tocante al comportamiento. En la actualidad, está comúnmente aceptado que elementos tanto de la naturaleza (la estructura genética) como de la educación (cómo nos han criado) contribuyen a configurar qué tipo de personas acabamos siendo. Aunque no podamos influir en la personalidad preexistente de nuestro bebé, es indudable que sí podemos determinar en gran medida las experiencias de su mundo.

El cerebro de un bebé se desarrolla de dos maneras: en primer lugar, gracias a la maduración natural del cerebro como órgano corporal y, en segundo lugar, gracias a sus interacciones con el entorno. Desde el principio mismo, su cerebro está estableciendo esas asociaciones fundamentales que le ayudarán a convertirse en un ser inteligente con capacidad para pensar. Nos corresponde a nosotros, en tanto que padres, ayudarles a establecer las relaciones adecuadas y esto incluye aprender cómo debe comportarse.

Cuando son muy pequeños, los bebés desconocen por completo las normas y exigencias de la sociedad en la que viven. Por eso no conciben lo que es realmente un comportamiento bueno o malo. Los bebés no pueden «comportarse», porque no comprenden nada más allá de sus inmediatos yoes.

Con una sorprendente rapidez, incluso los bebés más pequeños aprenden a establecer relaciones y empiezan a comprender su mundo. No saben lo que estamos diciendo, aunque enseguida captan el significado de la palabra «no» (¡tal vez esto debería decirnos algo sobre lo negativos que tendemos a ser con nuestros hijos!). Aunque todavía no comprendan lo que significan las palabras, los bebés son capaces de captar muchas señales de otras maneras. Pueden oír un tono particular de su voz o fijarse en cómo utiliza el rostro o el cuerpo. Incluyo mucha más información sobre la comunicación entre padres e hijos en el capítulo sexto, que aborda las múltiples maneras de emitir señales a nuestros hijos.

El niño muy pequeño aprende cosas de su mundo fundamentalmente interactuando con él. Desconoce por completo lo que es peligroso y lo que no, y no entiende por qué queremos que haga determinadas cosas y otras no. Debe intentar averiguar todo esto por sí mismo. Lo hará, en mayor medida, recurriendo a la experimentación; por ejemplo, viendo qué sucede si se comporta de una determinada manera.

Controlar el comportamiento del bebé

Aunque los bebés apenas comprendan lo que es el comportamiento, esto no implica que no podamos empezar a trabajar aspectos básicos con ellos. Esta enseñanza temprana puede concretarse empezando a dejarles claro lo que queremos y lo que no queremos. Tal vez piense que debe concederle a su bebé la máxima libertad posible, pero seguro que habrá situaciones en las que ésta no será la opción correcta. Por ejemplo, puede decir «no» con mucha firmeza cuando el bebé intente morder un cable y retirarle inmediatamente del peligro. No entenderá lo que usted está haciendo, ni por qué lo está haciendo, pero, al adoptar este enfoque, estará empezando a transmitirle señales sobre su comportamiento.

También enseñamos a nuestros hijos con el ejemplo que les damos; más concretamente, les enseñamos cómo se debe tratar a las personas. Por ejemplo, usted cuidará al bebé, le mimará, le alimentará y tratará de consolarle cuando esté alterado. Él empezará a aprender cómo se demuestra el amor y, en consecuencia, también podrá demostrarle el amor que le profesa. De manera que, cuando tenga aproximadamente un año, su hijo estará dispuesto a darle un merecido beso por todo el duro trabajo que ha desempeñado hasta el momento.

La capacidad que tiene el bebé de aprender con el ejemplo significa que asimilará las conductas negativas que vea en usted, además de esas cosas más positivas. Desde los primeros días, debe tener cuidado con su forma de comportarse cuando el niño esté cerca. Por ejemplo, si oye repetidas veces cómo pierde los estribos e insulta a su compañero, almacenará en su mente esta conducta para tomarla como referencia en un futuro. Si puede aprender a mejorar su propio comportamiento desde el principio, le ayudará a «entrenarse» para cuando su hijo tenga edad suficiente y repita lo que usted diga o haga.

He incluido, a continuación, algunos consejos prácticos sobre cómo puede empezar a controlar el comportamiento del bebé desde los primeros días. Los he dividido en dos secciones: «Qué debe hacerse» y «Qué no debe hacerse», para mostrar tanto los planteamientos adecuados como los inadecuados.

LO QUE DEBE HACERSE

- *Empiece a establecer relaciones.* Lo primero que puede hacer por su bebé es empezar a establecer relaciones entre su comportamiento y sus consecuencias. Para ello, ponga en práctica la certeza, la claridad y la coherencia que he comentado anteriormente. Transmita a su bebé el mensaje de que siempre que se comporte de una determinada manera, así es como reaccionarán mamá o papá. Su reacción debe tener en cuenta que el niño sólo es un bebé. Por ejemplo, aunque imponer sanciones resulte bastante inútil en esta etapa, empezará a retirarle de una situación en la que se ponga en peligro. Esto contribuirá a construir sus conceptos de bien y mal: lo que está permitido y lo que no lo está.

86

- *Empiece a marcar los límites.* Durante el primer año de vida de su bebé, puede empezar a decidir lo que quiere y lo que no quiere en lo tocante al comportamiento. En realidad, no es tan fácil como pudiera parecer, porque, muchas veces, lo que se considerará un comportamiento inadecuado en etapas posteriores resulta muy instructivo para el bebé en esta etapa. Por ejemplo, ¿le molesta que el bebé rompa el periódico o que saque la ropa de los cajones de su habitación? Si permite que aparezcan ahora esos comportamientos, resultará más difícil tomar medidas para evitar que se produzcan en el futuro. Marcando estos límites para el bebé desde el primer momento, y ciñéndose a esas ideas con coherencia, estará en mejor disposición para que las cosas marchen bien cuando el niño crezca.

- *Empiece a crear rutinas.* Las rutinas procuran al bebé una sensación de seguridad, un modo de comprender lo que viene después. Estas pautas le ayudan a saber lo que se espera de él en cualquier situación; por ejemplo, la idea de que cuando le meten en la cuna significa que está a punto de dormirse, o que un baño, un cuento y un vaso de leche significan que es hora de acostarse. Abordo con mucho más detalle la idea de crear estructuras y rutinas en el capítulo quinto (págs. 122-130).

- *No olvide centrarse en lo positivo.* Cuando considere la cuestión del comportamiento de su hijo, recuerde que debe sorprenderle siendo bueno tan a menudo como sea posible. Cuando haga algo bien, dele mucha importancia, sobre todo elogiándolo mucho. Podría decirle «buen chico» o «qué niño más listo», empleando un tono de voz entusiasta. Enseguida captará qué comportamientos llaman su atención. Asegúrese de que son positivos y no negativos, y tendrá interés por repetir la buena conducta. Por ejemplo, cuando esté vistiendo a su bebé, puede decir «buen chico» mientras le pasa la camiseta por la cabeza e introduce los bracitos en las mangas. Con el tiempo, aprenderá a hacerlo solo, como un modo de ganarse sus elogios.

- *Céntrese en los sonidos.* Es importante recordar que los bebés de corta edad aún no pueden ver con claridad el mundo que les rodea. Los sentidos más desarrollados en esta etapa son el olfato y el oído. Haga saber a su bebé que algo está mal empleando sonidos; por ejemplo, un tono de voz firme. Esto no significa que deba gritar, sino simplemente sonar categórico y seguro.

- *Utilice expresiones faciales.* Aunque el bebé no vea muchas cosas del mundo que le rodea, las caras de sus padres tienen una importancia fundamental para él. Consiga que el rostro exprese sus sentimientos, centrándose una vez más en los sentimientos positivos y no en los negativos. Levántese cerca de su bebé y, cuando esté encantado con él, demuéstreselo; por ejemplo, abriendo mucho los ojos y esbozando una gran sonrisa.

- *No espere resultados instantáneos.* Por favor, procure no preocuparse demasiado si estas ideas no parecen funcionar de forma inmediata. Tenga presente que se necesitará mucha repetición antes de que cualquiera de estas ideas se introduzca en el cerebro de su bebé. A pesar de todo, persista y este temprano entrenamiento le resultará muy útil cuando su pequeño empiece a caminar con torpeza y las cosas empiecen a complicarse.

- *No se complique.* En esta etapa, lo que busca es no complicarse la vida. Céntrese en lo que realmente tiene importancia para el comportamiento de su hijo. A mi juicio, esto debería incluir el enseñar a su hijo lo que es peligroso para él y también cómo comportarse bien con otras personas. Por ejemplo, si su bebé le araña la cara o le muerde, puede separarle de usted con firmeza, diciéndole «no» y dejándole claro con la expresión facial y el tono de voz que este comportamiento no está permitido.

- *Utilice distracciones.* La distracción funciona bien con niños de todas las edades. En tanto que técnica para controlar el comportamiento, resulta especialmente útil con los bebés más pequeños. Puede estar comportándose de forma inapropiada y no ser capaz de salir de la situación. En esta etapa, no tiene mucho sentido debatir el tema o tratar de «sancionarle». Con frecuencia, utilizando una distracción rápida, como agitar un juguete estridente, se puede parar en seco el mal comportamiento.

- *Cámbiele de sitio.* Otra forma excelente de ocuparse de un niño que no se porta como es debido consiste, sencillamente, en apartarle de la situación. Esto es especialmente aplicable al bebé que esté haciendo algo peligroso. Además de retirar al bebé de las situaciones peligrosas, también es muy buena idea retirar la tentación de su alcance. Aunque una cierta exploración es necesaria para que su hijo aprenda, se ahorrará mucha tensión si quita de en medio los objetos realmente peligrosos o potencialmente aptos para hacer travesuras, al menos durante un tiempo. Cuando sea mayor, y más capaz de comprender, puede volver a introducirlos de forma gradual (por descontado, es fundamental mantener lejos de los niños de cualquier edad y encerrados bajo llave los objetos que puedan suponer un peligro para la vida, como medicamentos o productos de limpieza del hogar).

- *Tenga en cuenta el poder de la personalidad.* El haber tratado a muchos bebés me ha permitido saber que la personalidad individual constituye un factor muy poderoso a la hora de determinar cómo se comportará su hijo durante toda la vida. Si le parece que su bebé es especialmente «difícil», tenga en cuenta que esto no es necesariamente consecuencia de algo que usted haya podido hacer como padre o madre. Podría ser, simplemente, que tuviera un bebé con una gran exigencia de atención, que puede convertirse o no en un niño igual de exigente. En ese caso, es preciso ceñirse aún con más cuidado a las estrategias que he esbozado en este libro, para ayudarle a aprender la manera de comportarse.

- *Por encima de todo lo demás, demuestre que le quiere.* Por encima de todo lo que necesitamos hacer con nuestros bebés, profesarles amor es lo más importante. Un bebé que se sienta seguro, amado y querido, crecerá hasta convertirse en un niño equilibrado y cariñoso y, con un poco de suerte, se portará bien.

LO QUE NO DEBE HACERSE

- *No abandone.* Será necesario aferrarse a las ideas que he apuntado anteriormente, y a lo largo de todo el libro, dando bastante tiempo al bebé para que capte el mensaje. De hecho, aunque puedan transcurrir muchos meses antes de ver algún progreso, se está asegurando de que las cosas sean más fáciles después al establecer las reglas básicas ya desde el principio.
- *Gritar no sirve de nada.* Es totalmente inútil gritar a un bebé. Todo lo que se conseguirá es un bebé alterado y un padre o madre con los nervios de punta. Aprenda a controlar sus emociones ahora, ¡necesitará practicar mucho! Cuesta mucho aprender a no perder los estribos, sobre todo cuando su hijo realmente ponga a prueba los límites en etapas posteriores de su vida.

- *No sea demasiado duro consigo mismo.* Aunque sepamos que gritar a un bebé (y, de hecho, a un niño) no es realmente el mejor planteamiento, está claro que todos cometemos ese error de vez en cuando. Por favor, no arremeta contra usted mismo si lo hace o cuando lo haga. Entiendo perfectamente lo que significa ser padre, sobre todo durante esos primeros meses tan difíciles. Es probable que la falta de sueño sea la mayor culpable cuando perdemos los estribos. Es casi un método de tortura llevar meses sin disfrutar de una noche de sueño en condiciones. No sea demasiado duro consigo mismo cuando cometa errores; tanto usted como su bebé están aprendiendo a funcionar juntos y resulta inevitable que esto requiera un poco de tiempo.
- *No sea demasiado duro con su bebé.* Al tratar de establecer algunas reglas de conducta básicas, por favor, no sea demasiado duro con su bebé cuando se equivoque. Recuerde que, en este primer año de vida, está aprendiendo montones de cosas nuevas cada día. Debe aprender a moverse, a hablar, a jugar, a comprender lo que la gente le dice. ¡Realmente, la vida de un bebé es muy dura!

El primer año y los «horribles dos años»

Todos hemos oído relatos terroríficos de los «horribles dos años». La imagen de su hijo tirándose en plancha por el supermercado, dando puñetazos al suelo y chillando a pleno pulmón basta para asustar al más valiente de los padres. En realidad, a pesar de todo, esta etapa difícil resulta absolutamente fundamental para el desarrollo de su hijo y debería recibirse bien en lugar de temerse.

Los «horribles dos años» no tienen por qué ser tan horribles después de todo. De hecho, debería poder disfrutar de la experiencia que supone ver crecer a su hijo a medida que va recorriendo esta época importante de su vida. La clave consiste en mantenerse fiel a las ideas que proporciono en el presente libro. Si lo consigue, será capaz de hacer que su hijo pase rápidamente esta etapa de su desarrollo y seguir con el proceso de disfrutar su relación.

La fase que denominamos los «horribles dos años» puede iniciarse, de hecho, ya alrededor del primer año de edad. Las rabietas y el comportamiento difícil que sufrirá casi con toda seguridad ocurren por algún buen motivo. Conseguir entender lo que hay detrás de este comportamiento difícil le ayudará a superar los retos con los que posiblemente deberá enfrentarse. Incluyo aquí algunas reflexiones sobre por qué su hijo pone tanto a prueba su paciencia durante esta etapa de su vida.

- *Alejamiento mental*. La clave de estos «horribles dos años» radica en el hecho de que su hijo está empezando a separarse de sus padres. Está empezando a comprender que es una persona independiente con sus propios pensamientos, sentimientos y deseos. En cuanto comprenda que puede dejar claro lo que quiere y, en ocasiones, salirse con la suya al hacerlo, entra en esta fase que todos parecemos temer tanto.
- *Alejamiento físico*. No es mera coincidencia que muchos de estos cambios en el desarrollo parezcan ir a la par con los cambios físicos. En cuanto un bebé aprende a caminar (o, incluso, a gatear), adquiere de inmediato una mayor independencia con respecto a sus padres, simplemente porque puede alejarse físicamente de ellos. De igual modo, en cuanto aprende a hablar, puede empezar a expresar lo que quiere y afirmar sus propios deseos.

- *Desarrollar un sentido de sí mismo.* Los bebés no se conciben a sí mismos como personas diferenciadas. Mantienen un vínculo muy estrecho con sus padres y, durante el primer año más o menos, prácticamente se consideran a sí mismos como una extensión de ellos. En cuanto empiezan a desarrollar este sentido de sí mismos, comprenden que pueden comportarse específicamente como desean. Su sentido de lo que le gusta y no le gusta, y lo que quiere y no quiere hacer, forma parte del desarrollo de una personalidad propia por parte de su hijo.

- *Capacidad para decir «no».* A medida que va creciendo, su hijo aprende que puede decir «no» si no quiere hacer algo. De hecho, en ocasiones, cuando dice «no» accedemos a sus deseos y le permitimos que no haga lo que no quiere hacer. Por ejemplo, si decide que no le gusta el sabor de determinadas comidas, podemos permitirle que no las coma. Por otra parte, también debe aprender que, en ocasiones, tendrá que hacer cosas con las que no disfrute particularmente. Es una lección de la vida que todos debemos aprender, pero no siempre es fácil de asimilar y puede comportar muchas conductas inadecuadas durante el proceso, ya que se ponen a prueba los límites.

- *Aprender las «normas».* En esta etapa de la vida, el niño todavía está aprendiendo lo que está permitido y lo que no lo está en la sociedad donde vive. Esto es lo que, como padres, hay que enseñarle. Estará ayudándole a mostrarle lo que puede y no puede hacer si le enseña cuáles son las consecuencias de determinados comportamientos. Recuerde que esto es válido tanto para los comportamientos positivos como para los negativos. Después, le corresponde a él decidir cómo desea comportarse y si está dispuesto a aceptar las consecuencias cuando haga algo que no está bien.

- *Poner a prueba los límites.* En esta etapa de la vida, nuestros hijos están comprobando qué ocurre cuando fuerzan los límites. Es como si en la mente del niño se produjera un cambio y, de repente, se diera cuenta de que, en realidad, no tiene que hacer lo que usted le diga. Poniendo a prueba los límites, su hijo aprende más sobre lo que se le permite y no se le permite hacer. Por eso es tan importante mantener los límites con claridad y firmeza, y confiar en que, al final, conseguirá lo que quiere.

- *Comprender su propio poder.* De igual modo, el niño está empezando a comprender el poder que tiene sobre sus padres. Por ejemplo, empieza a darse cuenta de que, si usted se encuentra en un sitio público, como un supermercado, su capacidad de ponerle en una situación embarazosa le ofrece un arma muy potente para conseguir lo que desea. Una vez más, experimentar con el uso de este poder forma parte del proceso de crecimiento.

- *Tratar de conseguir lo que «quiero».* Con un bebé de corta edad, nos esforzamos al máximo para satisfacer todas sus necesidades. Cuando nuestros hijos se hacen un poco mayores, deben aprender que «quiero» no siempre significa «consigo». Por ejemplo, no es necesario alimentar al momento a un niño que tiene ganas de comer. En lugar de eso, debe aprender que no pasa nada si tiene un poco de hambre y que, a veces, tendrá que esperar hasta que le den de comer.

- *Captar la atención.* Posiblemente descubrirá que, en esta etapa, muchos de los comportamientos inadecuados por parte de su hijo constituyen, en realidad, un intento de captar su atención. Esta atención, como ya he comentado, es una de las cosas que más desean los niños de nosotros. A medida que van desarrollándose, enseguida acaban entendiendo las mejores maneras de captar la atención de los padres. Portarse mal, sobre todo en público, constituye una excelente manera de hacer precisamente esto. A pesar de todo, trate de no ver el comportamiento tendente a llamar su atención como un intento deliberado de ponerle en una situación embarazosa. Sus hijos no son tan calculadores. Lo que el niño empieza a hacer es establecer una relación entre lo que hace y la respuesta que usted le da. Si la primera reacción ante el mal comportamiento es colmar a su hijo de atención (aunque esa atención sea gritarle), no se sorprenda luego si el niño empieza a portarse mal con mayor regularidad.

- *Estado de ánimo.* El estado de ánimo influye de forma sorprendente en nuestro modo de comportarnos. Considere cómo afecta su propio estado de ánimo a su comportamiento; por ejemplo, en la manera de «refunfuñar» a su pareja cuando se siente cansado o agotado. A su hijo le influyen los mismos factores, sobre todo en esta etapa, cuando aún no comprende cómo arreglárselas solo. Si el niño está cansado, tiene hambre, está inquieto o aburrido, es posible que sufra un incremento de conductas propias de los «horribles dos años».

- *Usted también está aprendiendo.* Estoy convencida de que los «horribles dos años» no sólo guardan relación con que los hijos estén aprendiendo a afirmarse. En esta etapa también cuenta que nosotros, los padres, estemos aprendiendo a realizar la transición entre cuidar a un bebé y ocuparse de un niño pequeño. Cuando nuestros hijos son bebés recién nacidos, nos esforzamos al máximo para satisfacer todas y cada una de sus necesidades. Esto sucede especialmente así porque no comprendemos del todo lo que quieren de nosotros. En el momento en que el bebé llora, seguramente se precipitará a atenderle, sobre todo si es el primer hijo. Las ganas apremiantes de detener sus llantos son muy intensas, una reacción instintiva que es casi imposible pasar por alto. Sin embargo, con el paso del tiempo empezamos a darnos cuenta de que, en ocasiones, nuestros hijos no siempre pueden conseguir lo que quieren en el momento que quieren. Por ejemplo, algunas veces un niño se queja o llora porque está aburrido. Pues bien, todos tenemos que aburrirnos alguna vez y aprendemos a sobrellevarlo o a entretenernos solos. Como padres, debemos que empezar a dar este salto mental cuando nuestros hijos lleguen a la etapa comprendida entre uno y dos años de edad.

Superar los «horribles dos años»

Hay distintas estrategias para sobrevivir a esta fase de la vida del niño. Como señalo a lo largo del libro, ninguna de estas ideas resulta difícil de poner en práctica: lo que cuesta de veras es mantenerlas. Estas recomendaciones prácticas le ayudarán a superar los «horribles dos años», espero que sin un excesivo estrés.

- *Deje claras sus expectativas.* En esta etapa, lo más importante que puede hacer por un niño es dejar sus expectativas absolutamente claras. Estará sometido a mucha presión para «rendirse», sobre todo cuando a su hijo le entre la más descomunal de las rabietas. Debe mantener sus posiciones a pesar de todo. No estará haciendo ningún favor al pequeño si titubea durante esta etapa. Recuerde compartir sus expectativas también con su hijo, haciéndole saber qué es lo que realmente quiere de él.
- *Tenga confianza.* Si confía en lo que quiere de su hijo, le transmitirá esa confianza; por ejemplo, con su manera de hablar y también con el lenguaje corporal y otras señales que utilice. Con todo, esto no significa que, forzosamente,

él haga lo que usted le pide. Una vez más, manténgase firme en su posición y, con el tiempo, irá pasando esta fase de forzar los límites.

- *No preste atención a las cosas equivocadas.* Para el niño pequeño, portarse mal suele constituir un modo infalible de captar la atención de los padres. Esto es especialmente válido para el niño que se entrega a toda marcha a un berrinche desmesurado, sin restricciones. Resulta sumamente difícil evitarlo, pero trate de no concederle el premio de su atención por una mala conducta. Si lo hace, empezará a crear una relación en su mente entre el mal comportamiento y la captación de su atención. Tenga presente que, aunque puede decirse que gritar a su hijo es un castigo, continúa siendo una forma de atención. Si tiene suficiente valor y la situación lo permite, puede intentar ignorarlo por completo y dejar que continúe con el berrinche (sin perderlo de vista para asegurarse de que no se hace daño). Otra posibilidad es intentar retirarlo de la zona y llevarlo a un lugar tranquilo donde pueda calmarse.

- *Preste atención a las cosas adecuadas.* Por otra parte, cuando el niño se ha portado bien, por ejemplo si ha estado jugando tranquilamente con sus juguetes, es muy fácil que nos limitemos a pasarlo por alto. La clave para superar el mal comportamiento tendente a captar la atención es aprender a dar mucha importancia al hecho de que su hijo haga lo que debe. Sé lo tentador que resulta hacer caso omiso a un niño que se porta bien, creyendo que si lo deja solo seguirá portándose bien. Sin embargo, lo que usted quiere es establecer una relación clara entre las conductas apropiadas y la captación de su atención. Dele mucha importancia cada vez que vea a su hijo hacer algo bien. Reaccione de forma excesiva, dejando bien claro que está encantado con el rostro, el tono de voz, el uso de recompensas, etcétera. De ese modo, es más probable que repita el comportamiento que usted quiere, en lugar del que no quiere.

- *Introduzca recompensas y sanciones.* En cuanto su hijo sea capaz de comprenderla, empiece a introducir la idea de que algunas conductas serán recompensadas, mientras que otras se castigarán. Establecer la relación entre el comportamiento y sus consecuencias resulta fundamental para conseguir que el niño se comporte como usted desea. El capítulo séptimo aborda con detenimiento el empleo de recompensas y sanciones.

- *Consiga que resulte divertido decir «sí».* Puede ser sumamente frustrante tener que lidiar con un niño que acaba de aprender a decir «no» y que está mostrando su capacidad para la negación. Tenga presente que aprender a dejar claros sus deseos forma parte del desarrollo de su propia personalidad. Esto, por supuesto, incluirá sus preferencias y aversiones personales. Lamentablemente, no todas serán aceptables para usted como padre o madre; por ejemplo, el niño que se niega en redondo a bañarse durante días. En lugar de intentar obligarlo a hacer algo que, sencillamente, no quiere hacer, pruebe a conseguir que resulte divertido decir «sí». Por ejemplo, puede meterse usted en la bañera, llenándola de espuma y juguetes, y permitir que su hijo le observe mientras chapotea y se divierte.

- *Empiece a obligarle a «aguantarse».* A medida que su hijo va entrando en la etapa del desarrollo comprendida entre el año y los tres años de edad, tiene derecho a hacer que «aguante» ciertas cosas. El niño «malcriado», que siempre se sale con la suya, le presionará al máximo como padre. Tampoco lo pasará bien cuando tenga que portarse bien en situaciones fuera de casa, como cuando empiece a ir al colegio. Empiece a enseñar a su hijo que, en ocasiones, tendrá que «aguantarse y callar» (aunque hay que procurar formularlo de un modo más cortés). Puede hacerlo limitándose a ignorarlo si refunfuña u ofreciéndole una alternativa positiva o una distracción.

• *Procure no preocuparse.* Si ha salido con su hijo y le entra un berrinche importante, puede resultar sumamente embarazoso. Procure no preocuparse por lo que puedan pensar los demás, porque esto podría incitarle a ceder con respecto a las expectativas claras y seguras que alberga sobre su comportamiento. No le permita que tenga poder sobre usted de esta manera. Cuanto antes le marque los límites, mejor y más fácil resultará la vida de ambos. Si usted cede por el factor vergüenza, no está haciendo más que retrasar el día en que los berrinches disminuyan y, con el tiempo, lleguen a desaparecer.

Comportamiento: los primeros años

Defino los «primeros años» como la etapa de la vida del niño en que ha dejado atrás el período de bebé y ha superado ya por completo los «horribles dos años». Los años comprendidos entre los tres y los cinco deberían constituir una experiencia muy grata para ambos (igual que debería serlo, de hecho, todo el tiempo que pase con su hijo).

Si ha vuelto al trabajo, es posible que el niño vaya a la guardería o esté con un cuidador durante la jornada. Aunque se quede en casa con usted, no tardará en estar preparado para ir a la guardería. En esta etapa su hijo está empezando a dominar las habilidades básicas, a ampliar su vocabulario y a desarrollar su aptitud con el lenguaje.

Sobre los tres años de edad, el niño empieza a ser capaz de jugar con otros niños y esto puede ocasionar algunos problemas específicos. Al principio, jugar con amigos suele consistir, la mayor parte de las veces, en jugar al lado de ellos. Se requiere tiempo para que se desarrolle un verdadero juego en colaboración. El niño necesita comprender que las demás personas también tienen sentimientos y es un concepto que le resulta difícil captar.

Incluyo seguidamente una lista de mis mejores consejos para enfrentarse al comportamiento durante los primeros años.

- *Manténgase firme*. En esta etapa, debería marcarse el objetivo de ceñirse a todas las ideas que he esbozado en este libro. Es posible que no vea los resultados inmediatos que había esperado, pero tenga presente que su hijo todavía se encuentra inmerso en el proceso de aprender a comportarse. Cuanto más repita los mismos planteamientos, más rápido y mejor establecerá su hijo esas relaciones fundamentales entre lo que hace y sus consecuencias.

- *No se preocupe por los retrocesos*. En ocasiones, experimentará retrocesos en el comportamiento de su hijo. Podría tener la certeza de que los berrinches se han terminado, cuando llega otro de repente. El retroceso ocasional es inevitable, ya que el niño sigue poniendo a prueba los límites para ver lo que está permitido y lo que no lo está. Procure no preocuparse demasiado cuando esto suceda: no significa que todo el trabajo duro no esté dando resultados.

- *Empiece a utilizar las gratificaciones aplazadas*. Explico este término con todo detalle en el capítulo séptimo (pág. 174). Básicamente, significa que, en lugar de recurrir a las recompensas (o sanciones) inmediatas, ahora debe empezar a desarrollar la idea de que el niño ha de comportarse bien varias veces para ganarse una recompensa mayor. Por ejemplo, podría ofrecerle un regalo especial, como una excursión al zoológico, por mantener un buen comportamiento continuado durante un período de varios días o semanas.

- *Prepárele para el colegio.* Cuando el niño empiece la guardería o la escolarización, puede ayudarle a desarrollar y mantener la conducta adecuada en el colegio. Seguir los consejos de este libro le habrá ayudado a establecer las reglas básicas; el profesor proseguirá con muchas de las ideas que he comentado en estas páginas e incorporará otras. Si el niño tiene problemas por mal comportamiento, hay que hablar de todo ello con él. Tal vez su hijo acuse al profesor de ser injusto o tenerle manía. Sin embargo, cuando se siente a comentar la situación, es muy posible que descubra que las sanciones impuestas por el profesor estaban justificadas. Procure apoyar al profesor en tanto que figura de autoridad, en lugar de ponerse siempre de parte de su hijo. En el capítulo noveno encontrará muchas más ideas sobre cómo apoyar al niño en el colegio.

Comportamiento: los años centrales

En la clasificación que he establecido, los años centrales abarcan las edades comprendidas entre los cinco y los once años. Es la época en que el niño empieza el primer ciclo de educación primaria hasta que termina, normalmente en sexto curso. Puede ser una de las mejores etapas en la relación con sus hijos. Todavía no son lo bastante mayores como para haberse independizado totalmente de los padres. Es la época previa a la salida al ancho mundo que les aguarda fuera y, tal vez, previa a volverse cínicos y perder una parte de esa encantadora inocencia que poseen los niños pequeños.

Durante esta etapa el niño aún está aprendiendo cosas del mundo donde vive. Estará desarrollando e, incluso, empezando a dominar gran parte de las habilidades básicas, como hablar, leer y escribir. Está aprendiendo a expresar sus pensamientos y sentimientos, a hacer amigos y jugar con ellos en colaboración. También está adquiriendo una mayor independencia a la hora de cuidar de sí mismo y está desarrollando una comprensión de los estados emocionales de las demás personas.

Es una etapa en la que el niño todavía está lleno de energía y entusiasmo, así que disfrútela mientras dure. Antes de que se dé cuenta, será un adolescente, con la actitud y las hormonas que convierten los años de educación secundaria en un suplicio tan grande para algunos padres. A continuación encontrará algunas reflexiones y consejos prácticos sobre el comportamiento de su hijo en esta etapa.

- *Manténgase fiel a los principios.* Puesto que su hijo va empezando a portarse bien con menos aportaciones suyas como adulto, resulta tentador creer que puede aflojar un poquito los límites. Aunque no tiene nada de malo adaptar los límites a la edad del niño, asegúrese de que permanece fiel a los principios que he esbozado en este libro. Por ejemplo, hay que saber cuáles son las expectativas y mantenerlas con coherencia.
- *Reconozca que está creciendo.* A medida que su hijo va haciéndose mayor, puede utilizar el hecho de que esté «creciendo» como un incentivo útil para lograr un mejor comportamiento. Hágale ver su edad y el comportamiento de persona mayor que debería ser capaz de mostrar. Por ejemplo, podría decir algo como: «Ahora que eres mucho más mayor, papá sabe lo bien que te preparas para acostarte. Veamos cómo te pones el pijama como hacen los niños ma-

yores». Este reconocimiento de una creciente madurez resulta especialmente útil con los preadolescentes, esos niños a punto de entrar en la adolescencia. En esta etapa, podemos permitir que el niño se acueste un poco más tarde, señalando que es posible porque es mucho más maduro y sensible, y pidiéndole que siga asumiendo la responsabilidad de no levantarse tarde por la mañana.

- *Pero no olvide que siguen siendo pequeños.* La idea de que el niño se está haciendo mayor puede significar que usted empiece a dejar de verlo como un niño pequeño. Aunque adquirirá mayor independencia y madurez, no olvide que, en ocasiones, seguirá necesitando que le trate como a su «bebé». Puede desear consuelo cuando esté disgustado o un mimo cuando haya pasado un mal día en el colegio.

- *Asegúrese de que continúa prestando atención por los motivos apropiados.* Igualmente, puede encontrarse con que necesita prestar menos atención al niño, porque es mucho más capaz de hacer cosas solo. Puede entretenerse sin ningún problema jugando largos ratos con sus juguetes y usted quizá se sienta tentado a dejar que continúe haciéndolo. A pesar de todo, no olvide proporcionarle un refuerzo positivo cuando haga lo correcto, además de hacer hincapié y repetir el mensaje de que ése es el comportamiento que usted quiere ver en él. Igualmente, no caiga en la tentación de empezar a prestarle atención cuando haga travesuras.

- *Conviértalo en «ayudante».* En esta etapa el niño será capaz de ayudarle mucho, tanto con las cosas de la casa como, sobre todo, con los otros niños, si es que los tiene. Ayudar a los adultos constituye una estupenda manera de ofrecer a los niños la oportunidad de prosperar y conseguir que asuman planteamientos y actitudes más adultas. Como profesora, muchas veces hago que mis alumnos «sean profesores» y escriban los deberes en la pizarra o repartan el material en mi lugar. Este rol adulto les encanta, sobre todo en esta etapa de su desarrollo. Utilice esto con sus hijos; por ejemplo, pidiendo a un hermano mayor que ayude a vestir o dar de comer al pequeño.

- *No olvide jugar.* A medida que nuestros hijos van creciendo, podemos sentir que ya no tienen necesidad de que juguemos con ellos, que pueden entretenerse solos sin ningún problema. A pesar de todo, recuerde que su atención es una de las recompensas más útiles de todas. Reservarse tiempo para jugar con sus hijos no sólo constituye una magnífica manera de fomentar un buen comportamiento continuado, sino que también es divertido para ambos. Por supuesto, sé lo difícil que puede resultar encontrar tiempo para jugar en nuestras ajetreadas vidas, cuando tenemos tantas otras cosas que hacer, pero realmente merece la pena hacer el esfuerzo tan a menudo como sea posible. «Jugar» con sus hijos también puede incluir tareas de adultos, como preparar una comida o hacer la colada juntos.

Comportamiento preadolescente y adolescente

Aunque este libro esté pensado para padres de bebés y niños pequeños, merece la pena sintetizar de forma rápida lo que sucede a sus hijos cuando entran en la etapa preadolescente y adolescente. Tras la relativa tranquilidad del período comprendido entre los cinco y los diez años, durante la etapa que abarca desde los once a los dieciséis años pueden volver a surgir todo tipo de dificultades. Si no ha establecido los límites previamente, es una forma segura de buscarse problemas en el momento de enfrentarse a un adolescente difícil, en plena efervescencia hormonal.

En este apartado se repasa brevemente los motivos por los que los adolescentes pueden causar tantos problemas a sus padres; asimismo, apunto algunas ideas para ayudarle a afrontar las cuestiones relacionadas con el comportamiento en esta edad.

¿POR QUÉ SON TAN DIFÍCILES LOS ADOLESCENTES?

- *Se consolida la ruptura.* A medida que van recorriendo sus años de adolescencia, nuestros hijos inician la ruptura final con respecto a sus padres como preparación para hacerse adultos. Dado que están experimentando esta ruptura, es probable que vayan forzando las fronteras y límites que les habían marcado. Esto sucederá, en particular, si las directrices que ha impuesto a su hijo son muy estrictas y autoritarias. Tal vez sea preciso adaptar algunos de los límites menos importantes durante esta etapa.

- *Influencias escolares.* En esta etapa, las influencias exteriores cobran mayor fuerza. El adolescente se verá influido por el comportamiento y las actitudes de los amigos escolares de su edad. También es posible que el comportamiento de estudiantes mayores influya en el joven adolescente. Con frecuencia, nos influye lo que vemos hacer a los mayores y lo mismo sucede con nuestros hijos cuando están en el colegio. Si el comportamiento de los estudiantes mayores es bueno, y la cultura escolar fomenta el buen comportamiento, estas influencias pueden resultar muy positivas. Por otra parte, si entre los valores del colegio no se encuentra el buen comportamiento y el niño ve a los estudiantes mayores portarse mal de formas más graves, puede aprenderlo.

- *Influencias de la calle.* Además de verse afectado por lo que hagan sus compañeros de clase en el colegio, su hijo también puede asimilar influencias negativas (o, por supuesto, positivas) de los amigos, las «bandas» locales o la cultura callejera que le rodee.

- *Efectuar la transición.* Además de los factores menciona-dos anteriormente, la época en la vida de su hijo donde se produce el cambio de la educación primaria a la secundaria también puede plantear dificultades a los preadolescentes, justo en la época previa a los años de adolescencia. Esta transición llega en un momento en que los niños están su-friendo muchos cambios físicos y las hormonas empiezan a hacer de las suyas. El cambio de la educación primaria a la secundaria resulta difícil por varias razones, y merece la pena comprender cuáles son:

— Dejan de ser los niños «mayores» de los últimos cursos para pasar de nuevo al grupo de edad inferior.

— Pueden haberse separado de los amigos íntimos que ha-bían hecho en la escuela primaria.

— Deben enfrentarse al cambio de tener un profesor para casi todas las clases a tener uno distinto para cada asignatura.

— Deben moverse entre varias aulas distintas, en lugar de recibir la enseñanza en una misma clase.

— Este movimiento constante implica que deben estar muy bien organizados, saber qué clase viene después y dis-poner del material correcto.

— El colegio propiamente dicho será mayor y esto puede suscitar preocupación a los niños; por ejemplo, a veces tienen miedo a perderse.

— Las expectativas sobre el comportamiento y el trabajo po-siblemente serán más duras que en la educación primaria.

— Es probable que se empleen con mayor frecuencia san-ciones, como castigos.

— Recibirán bastantes deberes, de muchos profesores distintos, y puede resultar difícil poder abarcarlo todo.

¿QUÉ PUEDO HACER AL RESPECTO?

- *Empiece a tratarle como a un adulto.* A medida que su hijo vaya creciendo hasta convertirse en un joven adulto, será necesario tratarle como tal. Esto puede significar concederle más derechos (y, por supuesto, las responsabilidades que llevan aparejadas estos derechos). Encontrará mucha más información sobre derechos y responsabilidades en la fórmula del RESPETO expuesta en el capítulo quinto.
- *Sea abierto y sincero.* Procure ser abierto y sincero con el preadolescente o adolescente; por ejemplo, estando dispuesto a reconocer que en ocasiones su comportamiento le parece difícil y las consecuencias que esto tiene para usted en tanto que persona. Durante esta etapa, nuestros hijos son capaces de establecer lazos de empatía con otras personas de un modo mucho más pleno, y esto constituye una parte importante de su desarrollo social y conductual. Puede tener cada vez más ganas de decirle cómo se siente; por ejemplo, haciéndole saber si está cansado, estresado o molesto. Anímele a compartir sus preocupaciones o problemas con usted, en lugar de guardárselos para sí mismo.
- *Desarrolle un sentido del trabajo conjunto.* Para cuando nuestros hijos sean adolescentes, cabe esperar que ya habremos sido capaces de desarrollar un intenso sentido del «trabajo conjunto» con ellos. Esta relación de colaboración implicará un sentimiento de respeto en dos direcciones. Si quiere que el adolescente le respete, a cambio debe ofrecerle una cantidad similar de respeto.

- *Sea flexible.* Cuando van haciéndose mayores, nuestros hijos empiezan a poner en tela de juicio las demandas que les hacemos y esperan un margen de maniobra algo mayor. Debe aprender a ser flexible cuando su hijo se convierta en un joven adulto; de lo contrario, es probable que sufra actitudes de confrontación más graves.

- *Permítale aprender de sus errores.* A medida que su hijo se convierte en un adolescente de más edad, puede empezar a dejarle aprender de sus propios errores. Esto le ayudará a comprender cómo asumir la responsabilidad de sus propios actos. Por ejemplo, si insiste en que quiere acostarse tarde cuando debe ir al colegio al día siguiente, ¿por qué no permitírselo? No tardará en descubrir que cuesta mucho madrugar cuando te has acostado tarde la noche antes.

- *Adapte las recompensas y sanciones que utiliza.* El tipo de recompensas y sanciones que utilice deberá cambiar en esta etapa. Aunque seguirán siendo importantes los enfoques positivos y los elogios, puede verse obligado a tener que recurrir a otros tipos de «zanahorias» más materialistas, como dinero, cedés o viajes.

- *Apóyele durante la transición en el ámbito escolar.* Hay muchas maneras de ayudar a los preadolescentes en el momento de pasar de la educación primaria a la secundaria. Apoyándole durante esta transición, contribuirá a evitar los problemas pasajeros de comportamiento y actitudes que suelen aparecer. Encontrará muchos consejos sobre cómo hacerlo en el capítulo noveno de este libro.

5

La fórmula del RESPETO

En este capítulo voy a explicar lo que denomino «la fórmula del RESPETO». Consiste en una serie de ideas y planteamientos que pueden utilizarse para entablar una relación de respeto entre padres e hijos. En mi opinión, en una paternidad de calidad de lo que se trata es de dar y recibir respeto. Es una vía de doble sentido: no podemos pedir a nuestros hijos que nos profesen respeto si no nos lo ganamos. Nuestro objetivo debería ser construir una relación donde obtengamos lo que pidamos porque nuestros hijos nos respetan lo bastante como para dárnoslo. Este respeto sólo se conseguirá si las peticiones que hacemos son justas y el modo de hacer cumplir los límites parece razonable.

Ya no vivimos en un mundo donde los niños deben hacer lo que se les diga sin rechistar; donde se les ve, pero no se les oye, y donde los adultos son los que mandan en todo momento. Las personas están empezando a percibir que los niños tienen derecho a expresar sus opiniones y sentimientos, que no se les puede ignorar como sucedía en los llamados «viejos tiempos». Algunas personas pueden pensar que hemos ido demasiado lejos siendo «blandos» con nuestros hijos. Tal vez haya una parte de verdad en esto, pero, en mi opinión, no cabe duda de que lo que tenemos ahora es mucho mejor que lo que ocurría antes.

No obstante, aunque creo que debe concederse a los niños una cierta libertad personal, esto no significa que, a pesar de todo, sea imposible tener respeto. Lo que significa es que ese respeto debe ganarse, tanto los niños el de sus padres como a la inversa. La fórmula del RESPETO que se describe en este capítulo le ayudará a desarrollar ese respeto de doble sentido con sus hijos.

Las ideas que esbozo en este capítulo se han desarrollado, una vez más, a partir de mi experiencia laboral con numerosos niños durante años. En tanto que profesora, he sido capaz de dar y recibir un respeto de doble sentido en la mayoría de las ocasiones. Las relaciones positivas que he entablado con mis alumnos constituyen un magnífico ejemplo de cómo puede funcionar este respeto de doble sentido.

¿Qué significa «respeto»?

En estos tiempos, todo el mundo parece utilizar la palabra «respeto», pero, en realidad, ¿cuántos de nosotros nos paramos a pensar bien lo que significa? Para mí, una buena síntesis de lo que es el «respeto» sería «tratar a los demás como te gustaría que te trataran a ti mismo». Por eso es necesario establecer un buen modelo de conducta para nuestros hijos si queremos que se porten bien. Más adelante, enumero las que considero algunas ideas clave que se esconden tras la palabra «respeto», qué significa y qué no significa. Puede que usted tenga algunas ideas propias que incorporaría a la lista.

Respeto significa ser:
- educado
- cariñoso
- amable
- considerado
- reflexivo
- servicial

Respeto no significa:
- ser grosero
- ser desagradable
- insultar
- tratar mal los bienes
- hacer daño a otros
- ser agresivo

Por lo tanto, ¿cómo podemos fomentar este respeto de doble sentido entre nosotros y nuestros hijos? A continuación encontrará los detalles de esta fórmula del RESPETO, que le proporcionará una manera de desarrollar esta actitud con su propia familia. Esta fórmula engloba las ideas siguientes:

DERECHOS Y RESONSABILIDADES

EXPECTATIVAS

ESTRUCTURAS

ACTITUD POSITIVA

ENERGÍA

TRATO COMUNICATIVO

ENTRENAMIENTO

Derechos y responsabilidades

La primera idea de la fórmula del RESPETO se desglosa en dos palabras clave: «derechos» y «responsabilidades». Estas dos ideas se unen para formar una receta consistente en dar y recibir respeto.

Muchas personas de este mundo ni siquiera disfrutan de los derechos más básicos, como el derecho a agua potable, una comida sana, un techo bajo el que cobijarse, libertad para decir lo que se quiera sin miedo a ser perseguido, etcétera. Tenemos mucha suerte porque podemos proporcionar a nuestros hijos derechos que van más allá de estos derechos fundamentales. Nos corresponde a nosotros, los padres, determinar estos derechos para nuestros hijos. Es preciso decidir hasta dónde queremos llegar al concederles derechos que vayan más allá de los que todo el mundo se merece automáticamente.

A cambio de concederles estos derechos, deben aprender el segundo elemento de la ecuación: la obligación o responsabilidad. Deben asumir la responsabilidad de sus propios actos y comportamiento, y aquí es donde entran en juego los padres. Debemos ayudar a nuestros hijos a comprender la idea de que los derechos llevan aparejadas responsabilidades. Debemos enseñarles cómo hacerlo. Los niños muy pequeños no entienden esta idea, así que tenemos que enseñarles a comprender el concepto. Puede que esta comprensión tarde un tiempo en producirse, de modo que no espere resultados inmediatos con sus hijos.

Resulta muy difícil encontrar un equilibrio entre derechos y responsabilidades. Debemos hacer algunas elecciones personales sobre cuántos derechos y cuánta responsabilidad pueden asumir nuestros hijos en cualquier momento de sus vidas. También debemos decidir cuánta libertad personal merecen o se han ganado. El equilibrio por el que optemos dependerá de varios factores distintos, entre los que cabe mencionar:

- nuestro estilo como padres (véase el capítulo segundo)
- la edad de nuestros hijos
- lo maduros que sean
- lo «espabilados» que estén
- la seguridad del entorno local

DERECHOS Y RESPONSABILIDADES: ALGUNOS EJEMPLOS

Algunos ejemplos le ayudarán a comprender la idea de los derechos y las responsabilidades. Observe cómo cada derecho lleva aparejada una responsabilidad.

Derecho. Acostarse a la hora que quieran (o más tarde de lo habitual, en función de lo que determinen los padres).
Responsabilidad. Levantarse con tiempo para ir al colegio y en un estado óptimo para trabajar.

Derecho. Salir a jugar con los amigos.
Responsabilidad. Regresar a casa a la hora que los padres han decidido o han acordado con el niño.

Derecho. Tener una mascota.
Responsabilidad. Ayudar a cuidarla; alimentarla, limpiarla, etcétera.

¿POR QUÉ DEBERÍA UTILIZAR LOS DERECHOS Y LAS RESONSABILIDADES?

¿Por qué molestarnos, entonces, en enseñar a los niños los derechos y las responsabilidades? Dos de las claves que justifican el uso de esta técnica son:

- *Desarrollo de una relación de colaboración.* Utilizar la técnica de los derechos y las responsabilidades contribuye a desarrollar una relación de colaboración con sus hijos. La idea consiste en trabajar juntos para llevarse lo mejor posible. Procure establecer un respeto mutuo entre usted y sus hijos. Está diciendo realmente a su hijo que le respeta lo suficiente como para concederle esos derechos. A cambio, su hijo debe respetarle lo bastante como para asumir sus responsabilidades.

- *Propiedad del comportamiento.* El objetivo último, en tanto que padres, es que nuestros hijos se responsabilicen de su propio comportamiento. Debemos aceptar que no siempre estaremos ahí para tomar las decisiones en su lugar y que, cuanto antes puedan hacerlo solos, mejor será. Tarde o temprano debemos ceder a nuestros hijos parte de la responsabilidad. Si lo hacemos, cuando vayan al colegio, o en momentos posteriores de su vida, serán capaces de tomar las decisiones adecuadas sobre cómo comportarse.

¿CÓMO UTILIZAR LOS DERECHOS Y LAS RESPONSABILIDADES?

Hay varios factores que el padre debe tener en cuenta antes de aplicar la noción de los derechos y las responsabilidades. Estos factores le ayudarán a utilizar dicha noción con la mayor eficacia posible.

- *Introdúzcala de forma gradual.* No espere que sus hijos sean capaces de asumir la responsabilidad al instante. En lugar de eso, es mucho mejor ir introduciendo de forma gradual los derechos y las responsabilidades que llevan aparejadas. Puede hacerse con cuentagotas, para que el niño vaya aprendiendo poco a poco cómo funcionan las dos ideas juntas.

- *Deje claro lo que está haciendo.* Comente con su hijo la idea de los derechos y responsabilidades. Deje claro que, cuando le concede un derecho, él también debe asumir la responsabilidad que lleva aparejada. Si no puede o no está dispuesto a hacer el esfuerzo, se suprimirá el derecho.
- *Juzgue la madurez de su hijo.* La capacidad de enfrentarse a los derechos y responsabilidaes variará notablemente en el caso de cada niño. Siento no poder ofrecer una lista de derechos y responsabilidades e indicar exactamente la edad precisa en que deben introducirse. Únicamente los padres pueden juzgar lo maduro que es su hijo y lo preparado que está para asumir los derechos y responsabilidades que pueda ofrecerle.
- *Juzgue su situación personal.* Los derechos que ofrezca dependerán de la situación en la que usted se encuentre. Por ejemplo, si las calles cercanas a su casa son peligrosas, no podrá permitir a su hijo el derecho a jugar fuera solo. Igualmente, si lleva una vida muy ajetreada o tiene una casa demasiado pequeña, su hijo no podrá obtener el derecho de acoger a una mascota.

¿QUÉ SUCEDE SI MI HIJO NO ASUME LA RESPONSABILIDAD?

Si descubre que su hijo no es capaz de asumir la responsabilidad, puede ocurrir que haya intentado introducir derechos a los que no pueda enfrentarse todavía por falta de madurez. En ese caso, trate de hacer lo siguiente:

- *Suprima el derecho.* Si su hijo se niega a asumir la responsabilidad de sus actos, por supuesto que usted, simplemente, puede suprimir por completo el derecho. Al hacerlo, está demostrando al niño que debe asumir la responsabilidad de su comportamiento o no se le permitirá disfrutar de los derechos que se le han concedido.

- *Rebaje el derecho.* El lugar de suprimirlo por completo, puede optar por reducirlo o incluir algún tipo de límite. Por ejemplo, en lugar de tener derecho a salir a jugar con sus amigos durante un período prolongado, puede imponer un límite de tiempo a los juegos en el exterior.
- *Vuelva a introducirlo de forma gradual.* Una vez se han suprimido o rebajado los derechos, puede volver a introducirlos de forma gradual.

La «zanahoria» o recompensa por asumir la responsabilidad es devolver el derecho al completo.

- *Utilice los derechos como recompensas.* Una vez hemos superado los derechos más básicos, todo lo demás es un extra. Esto significa que puede utilizar los derechos que dé a sus hijos como una «zanahoria» o recompensa por buen comportamiento. Si ve que asume la responsabilidad de sus actos, y lo hace bien, puede concederle un derecho como recompensa. Por ejemplo, a cambio de ayudar con la colada, puede concederle la recompensa de ver la televisión media hora más.

Expectativas

En una ocasión leí una estupenda cita sobre cómo ven los profesores a los alumnos; dice algo así:

Si ve a un niño como lo que es en ese momento, eso es todo lo que será. Pero si ve al niño como alguien realmente especial, con un enorme potencial para ser lo mejor que pueda, es muy posible que esté a la altura de sus expectativas.

Esta cita resume lo que son las expectativas: marcar unas metas y niveles de exigencia elevados creyendo que todos los niños pueden conseguir lo máximo. La idea es que uno espera lo mejor de los niños como profesor. Y lo mismo se aplica a lo que usted espera como padre. Quiere que sus hijos consigan todo lo que sean capaces de hacer y, al imponer unos niveles de exigencia elevados, les estará ayudando a aspirar a lo más alto.

A continuación, incluyo una guía en cinco pasos para familiarizarle con las ideas básicas sobre el uso de expectativas con su hijo. Esta guía rápida proporciona una visión esquemática del planteamiento. Más adelante, en este mismo apartado, encontrará muchos más detalles para decidir cuáles son las expectativas y aplicarlas.

Cómo utilizar las expectativas: guía rápida

1. Decida usted cuáles son sus expectativas.
2. Deje bien claro a su hijo cuáles son esas expectativas.
3. Una vez se haya decidido, manténgalas y no se aparte de ellas por nada.
4. Espere que su hijo esté a la altura de las expectativas. Si lo está, recompénsele.
5. Si no cumple sus expectativas:
   • reaccione con sorpresa y no con indignación;
   • no deje de repetir sus expectativas una y otra vez;
   • recurra a castigos si es preciso;
   • recuerde que, con el tiempo, acabará entendiéndole.

DETERMINAR LAS EXPECTATIVAS

Como acaba de ver en la «guía rápida», el primer paso a la hora de utilizar las expectativas es determinar exactamente qué es lo que quiere. Esto puede sonar muy sencillo, pero, en realidad, resulta bastante difícil de hacer.

El siguiente ejercicio le ayudará a desarrollar sus propias ideas sobre el «buen» comportamiento y a determinar de forma precisa qué es lo que quiere de su hijo. Esta actividad le ayudará a averiguar cuáles son sus propias expectativas.

«EN UN MUNDO IDEAL...»

Imagine que vive en un mundo ideal, donde los niños se portan de un modo que usted considera perfecto. Escriba hasta diez puntos distintos que sinteticen su situación «ideal». Por ejemplo, uno de los puntos podría ser: «Mi hijo siempre es educado». Procure anotar afirmaciones positivas en lugar de negativas, como «Mi hijo emplea un lenguaje correcto en todas las ocasiones», en lugar de «Mi hijo no dice palabrotas». Lo que está tratando de descubrir es lo que quiere y no lo que no quiere.

Puede anotar sus ideas del «mundo ideal» aquí:

1. ....
2. ....
3. ....
4. ....
5. ....
6. ....
7. ....
8. ....
9. ....
10. ....

Ahora estos puntos deberían constituir los fundamentos de sus expectativas. Aunque no vivimos en un mundo ideal, donde los niños siempre se comportan perfectamente, no tiene nada de malo marcarse expectativas tan elevadas.

Una vez establecidas cuáles son sus expectativas en la mejor de las situaciones posibles, debe pasar a decidir en qué grado desea que su hijo llegue a cumplirlas. Sus expectativas siempre deben ser las mismas, en la medida de lo posible, aunque ha de ser capaz de mostrarse flexible cuando sea necesario. Mantener unas expectativas coherentes le ayudará a lograr esa certeza que es tan importante para un buen control del comportamiento.

DEJAR CLARAS LAS EXPECTATIVAS

Como ha visto a lo largo del libro, lo importante para conseguir un buen comportamiento es dejar claro qué se desea exactamente. Además de determinar para uno mismo el comportamiento que se quiere, también debe compartir el secreto con sus hijos. Hay varias maneras de hacerlo.

- *Improvisar sobre la marcha.* La mayoría de nosotros tenderíamos a establecer las expectativas sobre la marcha, respondiendo al comportamiento inadecuado tomando medidas para ponerle freno cuando aparezca. No tiene nada de malo «improvisar sobre la marcha», siempre que sea capaz de determinar con rapidez lo que quiere en cada situación e, inmediatamente, dejar claro a su hijo lo que desea. Así, la primera vez que su hijo le pida ver un programa de televisión para adultos, le deja claro que no se lo va a permitir y le hace saber por qué. Una vez establecida la expectativa, debe mantenerla siempre que su hijo quiera forzar ese límite en el futuro.

- *Determinar las expectativas pronto.* En lugar de esperar y responder a las conductas malas o inapropiadas, uno puede optar por sentarse con su hijo o hijos y repasar lo que quiere. Cuando lo haga, recuerde que a los niños les cuesta asimilar mucha información de golpe. A menudo, necesitan experimentar el mal comportamiento y sus consecuencias para ser capaces de retenerlo en la mente. De hecho, suele ser necesario portarse mal unas cuantas veces, y ver cómo responden los padres, antes de que puedan retener las expectativas que les han marcado. Ha de tener presente, también, que deberá limitar la cantidad de expectativas que determina cada vez. En el siguiente punto encontrará más reflexiones sobre esta cuestión.

- *Obras son amores, que no buenas razones.* La mayoría de nuestras expectativas se demostrarán por lo que hagamos y por lo que esperamos que hagan nuestros hijos. Como ya he recalcado, usted está proporcionando un modelo de conducta a su hijo en todo momento y el niño aprenderá constantemente de su modo de comportarse. No puede establecer la expectativa de que no se muerda las uñas si ve que usted hace precisamente eso día sí y día también. Desde sus primeros días, el niño aprenderá forzosamente muchas de sus expectativas por su manera de comportarse. Por ejemplo, si siempre da de comer a su hijo en la mesa, y no delante del televisor, lo verá como algo natural y será menos probable que lo cuestione.

- *Limitar las expectativas.* En tanto que profesora, soy perfectamente consciente de que sólo puedo transmitir un reducido número de instrucciones cada vez si espero que las comprendan y las sigan. El límite máximo ronda las tres. Me gusta pensar que es una para cada oído y otra para la boca. Si acaba optando por determinar sus expectativas previamente, procure dar un máximo de tres instrucciones cada vez, empezando quizá por las que le parezcan las más importantes. Una vez está seguro de que su hijo las ha comprendido y las ha asimilado, puede introducir las tres ideas siguientes.

- *Marcarse objetivos.* A los niños (y también a los adultos) les parece mucho más fácil comportarse de forma adecuada si aspiran a algo. Marcar objetivos a nuestros hijos contribuye a animarles para que hagan lo que queremos. Por ejemplo, si se enfrenta a un niño al que no le gusta comer verdura, puede marcar un objetivo que contribuya a animarle para comer, por lo menos, un poquito. El objetivo podría ser una cucharada de verdura por cada tres cucharadas del resto de comida. Asegúrese de que el pequeño tiene posibilidades de conseguir los objetivos; de lo contrario, el niño, y usted, van directos al fracaso. Después, puede ir complicando poco a poco los objetivos, hasta que se cumplan sus elevadas expectativas de buen comportamiento.

- *Ofrecer recompensas.* Una vez fijados los objetivos, puede introducir algún refuerzo positivo. Se puede hacer utilizando recompensas cuando su hijo esté a la altura de lo que esperaba. Por ejemplo, puede establecer la expectativa de que su hijo limpiará su habitación y recompensar esta conducta cuando él cumpla lo que esperaba. En el capítulo séptimo se aborda con detalle todo el tema de las recompensas y las sanciones.

- *Emplee frases que empiecen por «Quiero...».* Decir a sus hijos lo que quiere les deja bien claro cuáles son sus expectativas. Para conseguirlo, me gusta utilizar lo que denomino frases que empiezan por «Quiero...». Cuando esté explicando a su hijo sus expectativas de comportamiento, dígale exactamente lo que le está pidiendo diciéndole «Quiero que hagas…». Procure centrarse en los comportamientos positivos tanto como sea posible, aunque, obviamente, alguna vez deberá decir «Quiero que dejes de…».

Estructuras

Uno de las métodos clave para fomentar un buen comportamiento es estableciendo soportes para su hijo. En este apartado explicaré exactamente cómo hacerlo. Entre las estructuras que he mencionado se incluyen ideas como tener unas expectativas claras, aplicarlas de forma coherente, marcar límites a sus hijos y, también, instaurar rutinas.

¿Se ha percatado de que, cuando su hijo se sumerge en una situación o un entorno desconocidos, suele portarse mal? Por supuesto, algunos niños se adaptan mejor que otros, pero a la mayoría de los jóvenes (y también a muchos adultos) les gusta saber qué cabe esperar. Nuestros hijos se acostumbran a que determinadas cosas ocurran en determinados momentos. Estas pautas les ayudan a enfrentarse a un mundo complejo y confuso, y esto es especialmente importante para los niños muy pequeños.

Las estructuras que comento en este apartado son importantes por varias razones:

- *Sirven de indicación.* Tener una pauta clara y coherente para el transcurso del día proporciona al niño indicaciones que le muestran lo que va a suceder seguidamente. Por ejemplo, esto puede implicar una buena rutina de baño, vaso de leche, cuento y a dormir. Como el niño sabe qué esperar, le resulta más fácil comportarse del modo adecuado.
- *Aportan claridad.* Las pautas y las rutinas le ayudan a dejar claro lo que espera que haga el niño. Le enseñan cómo quie-

re que se comporte para que pueda obedecer con facilidad. Estas estructuras contribuyen a reforzar sus expectativas, sin necesidad de tener que repetir una y otra vez cuál es el comportamiento correcto.

- *Aportan coherencia.* Si el transcurso del día sigue una pauta fija, le ayuda a mantener la coherencia a la hora de reaccionar ante el comportamiento de su hijo. Además de que el niño sabe qué cabe esperar, usted también se formará una idea muy clara de lo que quiere en cualquier momento.

Por descontado, cada uno de los lectores que lea este libro tendrá sus propias ideas sobre el grado de estructuración que se requiere o que resulta agradable en la vida.

A algunos de nosotros nos encanta llevar una vida flexible, incluso caótica, y no tiene nada de malo. La cuestión es que, cuando tenga hijos, deberá estructurar su mundo aunque sea un poco y aunque usted no lo desee especialmente para su propia vida. La clave radica en hallar un buen equilibrio entre muy poca o demasiada estructuración.

Hay varias razones a favor y en contra de un planteamiento muy estructurado y poco estructurado. Considerar estos puntos le ayudará a decidir el grado de estructuración que desea o necesita proporcionar a la vida de su hijo.

Mucha estructuración

A favor
- Proporciona una intensa sensación de seguridad.
- Ofrece estructuras y pautas de comportamiento muy claras.
- Tiende a fomentar un planteamiento claro y coherente por parte de los padres.

En contra
- El niño puede ser menos capaz de adaptarse a las circuns-tancias cuando se cambian las rutinas.
- Tal vez no sepa cómo comportarse si se rompe la rutina.
- Puede significar una menor flexibilidad a la hora de contro-lar el comportamiento.

POCA ESTRUCTURACIÓN

A favor
- Fomenta la flexibilidad y la adaptabilidad en el niño.
- El niño es capaz de salir del paso si se rompen las rutinas.
- Ayuda a los padres a aplicar más flexibilidad al control del comportamiento.

En contra
- Menor sensación de seguridad y claridad para el niño.
- Puede ocurrir que el niño no comprenda tan bien las expec-tativas de los padres.
- Suele generar menos claridad y coherencia en los padres.

¿QUÉ ESTRUCTURAS DEBERÍA ESTABLECER?

No todos los lectores de este libro estarán de acuerdo en el va-lor de las estructuras y las rutinas. Tal vez prefiera responder a su hijo de un modo *ad hoc*, simplemente reaccionando ante su modo de comportarse cada día. Como ya he comentado, no tiene nada de malo poseer un planteamiento de la vida menos estructurado. Sin embargo, si está teniendo problemas de comportamiento con su hijo, tal vez le parezca que incorporar una mayor dosis de rutina a su vida ayuda realmente a mejorar la situación.

Hay varias estructuras que puede establecer para su hijo, para ayudarle a comprender cómo quiere que se comporte. Estas estructuras pueden introducirse desde la etapa inicial. Recuerde que deberá adaptar las rutinas que vaya instaurando con su hijo a medida que éste crezca. Por ejemplo, cuando es muy pequeño, puede dormir tres o, incluso, cuatro veces al día. A medida que va creciendo, es evidente que esas siestas cambiarán y, con el tiempo, no necesitará dormir durante el día.

- *Estructuras para el día.* Incluyen las rutinas que instaura para su hijo. Puede significar reservar ciertos momentos del día para jugar con su hijo; otros para la siesta y otros momentos en los que deba entretenerse solo o ayudar con las tareas de la casa. Con un niño en edad escolar, puede establecer una estructura para el momento y el lugar de hacer los deberes por las tardes.
- *Estructuras para la semana.* También puede empezar a estructurar la semana, para que el niño aprenda las pautas diarias. Con un preescolar, es posible reservar ciertos días para salir fuera de casa; por ejemplo, para comprar, ir a la piscina o desempeñar otras actividades infantiles organizadas. Cuando los niños empiezan a ir al colegio, es obvio que la estructura semanal durante el período escolar será la de ir al colegio los días laborables. Con todo, sigue teniendo la posibilidad de estructurar los fines de semana y las vacaciones.
- *Estructuras de comportamiento.* Son las más importantes de todas cuando se trata de controlar el comportamiento. Básicamente, lo que está intentando hacer es marcar los límites a su hijo, dejar totalmente claras las fronteras que no debe traspasar. Recuerde que necesitará estructuras para

cuando su hijo se haya portado bien, además de algunas para cuando se haya portado mal. Entre estas estructuras positivas se incluyen recompensas fijas para determinados ejemplos de buen comportamiento.

¿QUÉ SON LAS FRONTERAS Y POR QUÉ SON NECESARIAS?

Las fronteras suponen otra manera de nombrar los límites o estructuras que establecemos para nuestros hijos y guardan una relación muy estrecha con las expectativas que hemos comentado anteriormente. Me gusta utilizar la imagen de una caja cuando explico lo que son las fronteras. Imagine que su hijo está metido dentro de una caja grande. Dentro de este espacio se encuentran todas las cosas que se le permite hacer, incluso aquellas que usted quiere que haga (sus expectativas sobre el comportamiento de su hijo). Cuando su hijo intenta forzar los límites, es el equivalente a intentar salir de la caja. En los bordes exteriores de la caja se localizan las fronteras. Cada vez que intente salir de la caja que ha creado para él, es preciso animarle para que vuelva dentro. Puede hacerlo dejando claras las consecuencias de su comportamiento; por ejemplo, recurriendo a sanciones. Por supuesto, debe centrarse principalmente en fomentar el comportamiento adecuado mediante planteamientos más positivos.

Establecer fronteras significa enseñar al niño lo que quiere que haga. Le está diciendo realmente que determinadas conductas le parecen aceptables (dentro de la caja) y otras, inaceptables (fuera de la caja). Igual que sucede con todos los aspectos de la educación de los hijos, las fronteras que establezca diferirán en función de cómo crea usted que deben comportarse los niños. Lo importante es encontrar esa línea divisoria entre el comportamiento aceptable y el inaceptable.

No es fácil tomar estas decisiones. Por citar un ejemplo, deberá decidir usted lo que considera lenguaje aceptable e inaceptable. Las ideas que tenga sobre las palabras que no están permitidas dependerán de sus propias opciones personales. Obviamente, los tacos más malsonantes se encuentran muy alejados de las fronteras del comportamiento admisible, ya sean pronunciados de forma fortuita o, sobre todo, si se dirigen a otra persona. Sin embargo, ¿le importa que su hijo diga «¡Vaya caca!» si se siente frustrado por algo? Son opciones que sólo usted puede escoger por su hijo.

Para que funcione nuestra sociedad, las fronteras resultan absolutamente fundamentales. Por ejemplo, imagine que no se marcaran límites entre el buen y el mal comportamiento en el colegio. Si se permitiera a los alumnos hacer travesuras como y cuando quisieran, habría muy pocas posibilidades de poder desarrollar el aprendizaje. Igualmente, si no existieran fronteras sobre lo que está permitido y lo que no en la sociedad en conjunto, habría un mayor nivel de delincuencia y disturbios.

¿CÓMO ESTABLEZCO LAS FRONTERAS?

- *Permita que su hijo «comparta el secreto»*. En cuanto tenga edad suficiente para comprenderlo, pase tiempo hablando con su hijo sobre las fronteras. Explíquele lo que quiere, además de lo que no quiere. Para el niño más pequeño, las fronteras quedarán claras por su manera de reaccionar ante su comportamiento y las pautas que le marque.

- *Proporciónele un modelo de comportamiento*. No tiene ningún sentido marcar fronteras que usted mismo no respeta y esperar que su hijo las acate. En tanto que padre o madre, está proporcionando a su hijo un modelo de comportamiento. No puede decirle que no haga algo y seguir haciéndolo usted. Igualmente, si hace algo de forma automática, cabe esperar que su hijo aprenda esas mismas conductas. Esto es válido para las buenas y malas costumbres que todos tenemos. Por ejemplo, el modelo de comportamiento positivo (o negativo) que le está proporcionando puede incluir:

— el tipo de lenguaje que utilice;
— las clases de alimentos que coma;
— el tipo y la cantidad de televisión que vea;
— la forma de tratar a otras personas: familia, amigos y demás;
— el modo de ocuparse de su higiene personal;
— la forma de llevar la casa.

- *Reaccione de forma consecuente ante las conductas de «fuera de la caja».* Me alegra repetir la idea de la consecuencia, porque es muy importante para instaurar un buen comportamiento. Siempre que su hijo salga de la «caja» de fronteras que le ha marcado, devuélvalo a ella dejando bien claros los límites. Puede hacerlo imponiendo una sanción o, en el caso de que sea posible, consiguiendo que el comportamiento adecuado resulte más atractivo. Transmita en todo momento señales claras y consecuentes y el niño acabará captando el mensaje.

¿QUÉ FRONTERAS DEBERÍA MARCAR?

Existe una amplia variedad de fronteras que potencialmente puede marcar a su hijo. Dependerá mucho de sus propias ideas sobre lo que es un comportamiento adecuado y también del tipo de padre que sea o espere ser. Incluyo, a continuación, algunos ejemplos de las fronteras que podría establecer tanto en clase como en casa y algunos ejemplos de conductas «dentro de la caja» (permitidas) y «fuera de la caja» (no permitidas).

- Uso de un lenguaje apropiado en todo momento.

  — Dentro de la caja: hablar a los demás con educación;
  — fuera de la caja: decir palabrotas (importante: es preciso definir lo que se considera «palabrota»).

- Trato adecuado hacia los demás, ya sean padres, hermanos y hermanas, amigos, familia, compañeros de clase o, sencillamente, otras personas que el niño conozca.

  — Dentro de la caja: decir «por favor» y «gracias»;
  — fuera de la caja: arrebatar cosas o agarrarlas, ser violento o agresivo.

- Tratar con respeto los bienes y los lugares.

  — Dentro de la caja: mantener ordenada la habitación, cuidar los juguetes;
  — fuera de la caja: vandalismo; por ejemplo, escribir en las paredes o romper los juguetes.

¿Cómo refuerzo las fronteras?

- *Uso de recompensas.* Hay dos maneras básicas de reforzar las fronteras que ha marcado. Debe centrarse principalmente en el uso de recompensas para fomentar un comportamiento positivo. El mensaje para su hijo es: si adoptas «el «buen comportamiento X», recibirás «la recompensa Y».

- *Uso de sanciones.* La otra opción es utilizar sanciones. En cuanto su hijo intente forzar los límites para salirse de las fronteras, debe dejarle claro inmediatamente cuáles serán las consecuencias. Si su hijo ve que está hablando en serio, es muy posible que deje de portarse mal para no recibir una sanción.

- *Consiga que resulten atractivas.* Si puede lograr que quedarse dentro de la caja resulte más atractivo que salir de ella, la batalla ya estará medio ganada. Hay diversas maneras de conseguir que obedecer parezca atractivo. Puede recurrir a montones de elogios para destacar el comportamiento positivo; puede marcar objetivos para sacar a la luz la veta competitiva de su hijo.

Actitud positiva

El adjetivo «positiva» sintetiza la actitud que necesita si quiere conseguir y mantener un buen comportamiento en su hijo. El secreto para lograr lo que quiere radica en hacerlo tan atractivo que parezca, con diferencia, la mejor opción que pueda escoger su hijo. En lugar de centrarse en lo que no quiere, no pierda de vista lo que sí quiere.

Puede resultar difícil mantener una actitud positiva, sobre todo cuando se enfrente a repetidos ejemplos de mal comportamiento. En tanto que profesora, sé que cuando tengo que dar clase a un grupo que siempre pone a prueba mi paciencia, enseguida puedo sentirme avasallada por esta circunstancia y puede empezar a instaurarse un sentimiento negativo. Sin embargo, si se esfuerza al máximo por mantener esta actitud positiva, se acabarán superando los comportamientos negativos y se sustituirán por conductas positivas. Algunos consejos prácticos contribuyen a lograr esta actitud:

- *Espere lo mejor.* Como ya he comentado antes, cuanto más alto pongamos el listón a los niños, más posibilidades hay de que se comporten. Por supuesto, esto no significa que deba poner el listón a una altura imposible. Por otra parte, si demuestra a sus hijos que confía plenamente en su capacidad de responder bien, ellos, por lo general, tratarán de estar a la altura de sus expectativas.
- *Busque lo mejor.* Además de esperar lo mejor de sus hijos, también debería buscar lo mejor en todo lo que haga. Cuando nos enfrentamos a comportamientos difíciles a diario, resulta demasiado fácil sumirnos en un estado de ánimo negativo. En lugar de hacerlo, procure buscar las cosas buenas que esté haciendo su hijo, aunque sea algo tan simple como vestirse por la mañana a tiempo para ir al colegio sin quejarse ni montar un número.
- *Elogie lo mejor.* Elogie siempre a su hijo cuando haga lo correcto, por muy tentador que resulte pasarlo por alto, exhalando un suspiro de alivio en silencio. Si realmente consigue progresar y se comporta mucho mejor, no escatime elogios y dele una recompensa muy buena. Esto le enseñará las ventajas de hacer lo que usted quiera y le animará a repetirlo.

Energía

Si se parece un poco a mí, es muy posible que ser padre o madre le resulte bastante agotador. Pensaba que me había dedicado a algunos trabajos duros en mi vida, pero hasta que no fui madre no supe realmente lo que significa trabajar duro. Algunos días parece que no paras ni un segundo, desde que empieza el día hasta que llega la noche. Incluso cuando el niño está dormido, sigues albergando esa remota preocupación por si va a despertarse.

Ser madre o padre exige grandes cantidades de energía. Está todo el trabajo cotidiano que dan los niños, como darles de comer, fregar los platos, lavar la ropa, hacer otras tareas domésticas, ayudarles con los deberes. Pero también está su aportación al control del comportamiento y a ayudarles a aprender. Si puede agregar una pizca de energía a su manera de ocuparse de los niños, casi con toda seguridad establecerá una mejor relación con ellos.

La energía que resulta tan fundamental para ser madre o padre cubre varios ámbitos. Podría estar ofreciendo a su hijo:

- *Entusiasmo.* Advirtiendo lo bien que lo ha hecho, quizás al aprender una nueva habilidad o al portarse especialmente bien. Mostrándose entusiasmado con las cosas sencillas, como la manera que tiene el niño de ayudarle al vestirlo, metiendo el bracito dentro de la manga.
- *Ánimo.* Empleando un tono enérgico para animarle en su comportamiento o sus juegos; por ejemplo, podría enseñarle cómo se monta un rompecabezas y animarle cuando intente imitarle.
- *Emoción.* Emocionándose cuando haga algo nuevo, ya sea una vez más en el terreno del aprendizaje o del comportamiento. Esto puede implicar mostrar su emoción cuando un niño pequeño intente decir una palabra nueva o sentirse encantado cuando obtenga una buena nota y un comentario positivo sobre algún trabajo de clase.
- *Captar su atención.* Empleando una actitud llena de energía cuando se ocupe del niño para encontrar maneras nuevas e interesantes de captar su atención. Por ejemplo, poniendo

voz infantil y haciendo que el «osito» le diga lo bien que se ha portado.

Cuando el objetivo sea fomentar el buen comportamiento, todos estos planteamientos y actitudes resultan útiles. En especial, debe procurar emplearlos cuando su hijo esté portándose bien, para animarle a repetir ese tipo de comportamiento. Sé lo difícil que resulta mantener esa actitud con los hijos, sobre todo cuando uno está cansado o cuando han estado poniendo a prueba su paciencia al máximo; pero si consigue hacerlo, cosechará los frutos en forma de un mejor comportamiento.

¿CÓMO TRANSMITO MI ENERGÍA?

Hay varias maneras de mostrarse resolutivo. Se consigue empleando todos los planteamientos descritos anteriormente. Su energía se transmitirá, principalmente, por la manera de utilizar la voz y el rostro. Por ejemplo, puede imprimir a la voz un tono de entusiasmo cuando vea que el niño hace algo bien, o esbozar una gran sonrisa si le satisface lo que está haciendo.

¿DE DÓNDE SACO ESTA ENERGÍA?

Llegados a este punto, puede estar pensando: «¿De dónde diablos se supone que voy a sacar esa energía? Trabajo cinco días a la semana, llevo a los niños al colegio, tengo la casa limpia y ordenada, hago las compras, ayudo a los niños con los deberes y me ocupo a la vez de tres niños que están peleándose constantemente. Al final del día, estoy tan reventada que ni siquiera puedo fingir que me queda algo de energía».

Como madre y persona que dirige su propio negocio, puedo asegurarle que comprendo perfectamente esa sensación. Algunos consejos prácticos le ayudarán a encontrar un poco más de energía para ocuparse de sus hijos:

- *No asuma demasiadas cosas.* Si es madre o padre a tiempo completo, puede resultar muy tentador implicarse en montones de actividades además de su rol de progenitor: asociaciones de padres, voluntariado, montar actividades lúdicas para niños en edad preescolar, ayudar con la lectura en el colegio del niño, etcétera. Entre todos estos compromisos, procure no asumir demasiadas cosas o sus niveles de energía bajarán en picado y se resentirá la calidad del tiempo que pase con sus hijos. Igualmente, si trabaja a tiempo completo, debería evitar asumir demasiados compromisos fuera de la jornada laboral habitual o correrá el peligro de dejarse la piel en el intento.

- *Encuentre un equilibrio.* Hay que encontrar un equilibrio muy delicado entre ser madre o padre y ser persona. Aunque queramos mucho a nuestros hijos, no somos sólo padres o madres, somos amigos, amantes y muchas cosas más. Por ejemplo, si le resulta agotador estar en casa con los niños toda la semana, ¿por qué no intentar que se ocupen de ellos una parte del tiempo para poder trabajar un día a la semana? Aunque esto no le suponga una gran compensación económica, le supondrá algún tiempo alejado de casa y le permitirá verse como persona además de como madre o padre.

- *Aprenda a establecer prioridades.* Como profesora, sé que resulta totalmente imposible hacer todo lo que debe hacerse, porque en un trabajo que no tiene límites reales siempre será necesario hacer algo. Lo mismo es válido para la paternidad. Si su hijo necesita más atención por su parte, olvídese de la aspiradora y pase tiempo jugando con él. Decida lo que es realmente necesario hacer y lo que puede esperar o ser «olvidado» oportunamente. Aprenda a aceptar que con «llegar» basta.

- *Haga que sus hijos le ayuden.* Pedir a sus hijos que le ayuden con algunas de las tareas más rutinarias le permitirá guardar la energía para lo que realmente importa. A la larga, dar a sus hijos la responsabilidad de ordenar su habitación, fregar los platos después de comer, pasar la aspiradora un poco o ayudar a hacer la compra les ayudará a ser personas más competentes y capaces.

- *Recurra a sus contactos.* Como madre o padre, existen diversas posibilidades de conseguir ayuda cuando lo necesite. Si tiene cerca a familiares o amigos, estas personas pueden concederle algún «descanso» (véase más adelante) cuando ya no aguante más. Aunque no tenga a nadie, sigue habiendo otras maneras de obtener apoyo: grupos de actividades y centros infantiles, canguros y actividades organizadas durante las vacaciones.

- *Tómese un «descanso» de vez en cuando.* Realmente, ser madre o padre es un trabajo a tiempo completo: veinticuatro horas al día, siete días a la semana. En la medida de lo posible, procure tomarse un descanso de vez en cuando, aunque sólo sea una hora para leer tranquilamente su revista favorita. Necesita ese tiempo para airearse y recargar las pilas para disponer de la energía necesaria que le permita mantener una actitud positiva como madre o padre.

LA ECUACIÓN DE LA ENERGÍA

Me gustaría concluir este apartado hablando de lo que denomino «la ecuación de la energía». Esta ecuación ayuda a responder a la pregunta que he planteado antes: «¿De dónde diablos se supone que debo sacar toda esa energía?». Por descontado, le corresponde a cada madre o padre decidir la cantidad de energía que desea dedicar a la educación de los hijos. Habrá momentos en que disponga de muy poca energía y prefiera oír quejarse a su hijo antes que pasar otro segundo jugando con él. No se sienta culpable cuando surjan estos sentimientos: no somos robots con reservas inagotables de energía y entusiasmo.

No obstante, merece la pena considerar la ecuación de la energía cuando esta sensación de cansancio consiga hacer mella en usted. La ecuación puede resumirse en estos términos:

Cuanto más se esfuerce por adoptar una actitud positiva y ocuparse de sus hijos con tanta energía y entusiasmo como pueda, menos energía necesitará gastar para enfrentarse al mal comportamiento. A la larga, volcar su energía en estos planteamientos positivos implicará menos necesidad de esforzarse mucho para enfrentarse a las conductas negativas en el futuro.

Aunque cuesta mucho al principio, esforzarse desde el primer momento acaba proporcionando grandes beneficios con el tiempo; se lo aseguro.

Trato comunicativo

Con frecuencia, surgen problemas de comportamiento porque los padres no consiguen comunicarse con los hijos como es debido. Podemos pensar que estamos transmitiendo un mensaje y sorprendernos cuando el niño no parece entendernos. Hay varias maneras de no comunicarse bien.

Pudiera ser que usted:

- no consiguiera transmitir a su hijo exactamente lo que quiere;
- no explicara de forma adecuada las consecuencias del mal comportamiento;
- no lograra transmitir las ventajas que tiene portarse bien;
- no se explicara claramente con su manera de hablar a sus hijos;
- no sacara el máximo partido al lenguaje corporal y las expresiones faciales para clarificar lo que quiere decir;
- no lograra dar instrucciones y órdenes claras e inequívocas.

Los fallos de comunicación pueden suscitar varios problemas y, a su vez, desembocar en un mal comportamiento. El niño puede albergar una sensación de injusticia cuando el padre aplica una sanción que no ha explicado adecuadamente. Incluyo, a continuación, algunos consejos prácticos para comunicarse bien con su hijo. Encontrará más detalles sobre emitir señales al niño en el capítulo sexto.

- *Exponga lo que quiere de forma positiva.* Cuando esté comunicando unas exigencias a su hijo, es necesario exponer claramente lo que se quiere de un modo positivo. A menudo, al enfrentarnos a un mal comportamiento caemos en la crítica o planteamos preguntas que no requieren respuesta, en lugar de exponer lo que queremos realmente. Considere la diferencia entre las siguientes exigencias claras/positivas y poco claras/negativas:

  — *Claro/positivo*: «Quiero que le demuestres a mamá lo listo que eres terminando los deberes en cinco minutos. Preparados, listos… ¡ya!».
  — *Poco claro/negativo*: «¿Por qué no has terminado aún los deberes? No puedo creer que otra vez estés perdiendo el tiempo. Te dije ayer noche que no ibas a ver la te-

levisión hasta que acabaras y otra vez dejas de hacer lo que te digo».

— *Claro/positivo*: «Quiero que dejes ahora mismo de golpear a Kitty en la cabeza con ese juguete. ¡Vamos, demuéstrame lo mayor y sensible que eres!».

— *Poco claro/negativo*: «¿Por qué estás pegando a tu hermana otra vez, no te he dicho mil veces que no lo hagas? Si lo vuelves a hacer, te pegaré en el culo».

- *Muéstrese dispuesto a escuchar.* A menudo, cuando sufrimos malas conductas, hablamos con nuestros hijos en un intento de meterles en la cabeza lo que queremos. Transcurrido un rato, el niño tiende cerrarse de forma progresiva, sin oír realmente lo que le está diciendo. En ocasiones, resulta necesario distanciarse un poco de la situación y demostrar que está dispuesto a escuchar los pensamientos y sentimientos de su hijo.

Esto no significa necesariamente que acceda a lo que su hijo quiere, pero a veces basta sólo con escuchar y reconocer su punto de vista.

- *Hable del comportamiento.* Si resulta apropiado, cuando su hijo haga algo «mal» permita que hable del tema. Si es capaz de aprender a comunicar algunas de las razones que explican por qué hizo lo que hizo, esto le ayudará a planificar maneras de conseguir un mejor comportamiento en el futuro.

- *Encuentre maneras de comunicarse.* Trate de utilizar una amplia variedad de maneras de comunicarse con su hijo. Seguro que ya empleará muchas, pero procure ampliar al máximo sus formas de comunicación. El capítulo siguiente contiene muchos detalles sobre cómo hacerlo. Algunas ideas le ayudarán a empezar:

— la voz: qué dice y cómo lo dice;
— el rostro: la forma de utilizar los ojos, la boca, etcétera;
— el cuerpo: la postura que adopta y sus acciones;
— la interacción: la manera de interactuar con su hijo y con el espacio que le rodea.

Entrenamiento

Por último, conseguir un buen comportamiento y un respeto de doble sentido tiene mucho que ver con entrenar a su hijo. No puede esperar que un niño muy pequeño entienda lo que quiere de él, pero si puede determinar en su lugar cuáles son las conductas adecuadas, normalmente será capaz de asimilarlas. Gran parte del mal comportamiento que sufrimos como padres surge como consecuencia de conflictos por cosas cotidianas que necesitamos que hagan nuestros hijos. Como veremos más adelante, un poco de entrenamiento en los primeros momentos puede suponer que esos «campos de batalla» nunca lleguen a convertirse en ámbitos donde el mal comportamiento sea un problema.

En la película *Poli de guardería* (*Kindergarten Cop*, 1990), Arnold Schwarzenegger interpreta a un agente de policía que trabaja de incógnito en un parvulario infantil. Al principio tiene enormes problemas: los niños, básicamente, se pasan el tiempo correteando a su alrededor y su mal comportamiento queda impune porque no les ha marcado límites. Como no sabe mucho sobre la enseñanza, recurre a lo que sí conoce: el entrenamiento de los policías novatos. Al final de la película, la clase de niños pequeños está alineada en una sola fila, marcha como es debido, le presta atención en silencio y guarda el material al estilo militar.

Igual que sucede en esta película, su entrenamiento debe centrarse en las conductas positivas que quiere conseguir, sin pensar en conductas negativas o sanciones. Si puede preparar a su hijo para que se comporte de un modo adecuado, y sigue reforzando esas ideas positivas, es de esperar que descubra que esos ámbitos no suponen un problema entre los dos. Empiece el entrenamiento pronto, con las partes más fáciles de cada tarea, y vaya pasando a peticiones más complicadas a medida que su hijo crezca.

¿QUÉ ENTRENAMIENTO DEBO PROPORCIONARLE?

Aunque tal vez no sea consciente de ello, ya está entrenando a su hijo en las conductas que quiere, al mostrarle sus expectativas de un modo coherente. Existen varios «campos de batalla» habituales entre padres e hijos, ámbitos donde suele haber problemas. El recurso del entrenamiento desde los primeros momentos puede suponer una gran ayuda para que todo vaya bien y, en consecuencia, para obtener el comportamiento que se desea.

Incluyo, a continuación, algunas preguntas sobre cuáles pueden ser sus expectativas en dos de esos tradicionales campos de batalla. Contestar las preguntas le ayudará a entender lo que quiere a la hora de entrenar a su hijo en sus expectativas sobre comportamiento. Tenga presente que es probable que sus expectativas cambien con el tiempo, a medida que su hijo vaya creciendo.

COMER

- *¿Qué ocurre antes de las comidas?* ¿Le pide a su hijo que ayude a preparar la comida o ponga la mesa? ¿Se supone que debe lavarse las manos antes de comer?

- *¿Dónde come?* ¿En la mesa, en una butaca o en el sofá viendo la televisión?

- *¿Con quién come?* ¿Comen en familia o con un progenitor presente para supervisar? ¿Come con algún hermano o las horas de las comidas son distintas?

- *¿Cómo come «bien»?* ¿Se supone que debe quedarse sentado hasta que todo el mundo haya terminado de comer? ¿Qué sucede si se porta mal; por ejemplo, si tira comida al suelo o se niega a comer verdura?

- *¿Qué quiere que coma?* ¿Qué tipo de alimentos le anima a comer y qué alimentos le ofrece con menos frecuencia? ¿Da buen ejemplo comiéndose usted esos alimentos «buenos»? ¿Todos sus hijos comen lo mismo o les permite algún margen de elección con lo que quieren comer?

- *¿Qué ocurre después de la comida?* ¿Los niños le ayudan a quitar la mesa y, tal vez, a lavar los platos? ¿Se supone que deben estar un rato sentados para hacer la digestión o pueden marcharse a jugar inmediatamente?

DORMIR

- *¿A qué hora se va a la cama?* ¿Hay una hora fija o es flexible en esta cuestión? ¿Tiene voz y voto acerca de la hora de acostarse? ¿Todos sus hijos se acuestan a la misma hora o los hermanos mayores pueden irse a la cama más tarde?

- *¿Cuál es su rutina en el momento de acostarse?* ¿Sigue una rutina fija como, por ejemplo, baño, vaso de leche, cuento y a dormir? ¿Le permite ver la televisión en su habitación? ¿Apaga usted la luz o consiente que lo haga él? ¿En algún momento le permite romper la rutina y en qué circunstancias sucede esto?

- *¿Qué sucede después de acostarse?* ¿Se supone que debe quedarse en su habitación toda la noche o puede ir a su habitación y meterse en su cama si quiere; por ejemplo, si no se encuentra bien? ¿A qué hora le permite levantarse o entrar en su habitación por la mañana?

¿Cómo entreno a mi hijo?

- *Conviértalo en un desafío.* A los niños pequeños les encanta que les planteen desafíos. Planifique el entrenamiento para sacar partido a esta circunstancia. Consiga que hacer lo correcto, y hacerlo lo mejor posible, sea un desafío que su hijo debe superar. En todo momento, explique a su hijo lo bien que lo está haciendo ya, pero también que puede hacerlo mucho mejor en el futuro. Para algunas ideas sobre cómo convertir el entrenamiento en un desafío, véanse las consideraciones sobre ordenar la habitación recogidas en páginas posteriores.
- *Marque límites.* A menudo, si marca a su hijo un objetivo al que aspirar, le anima a conseguir la conducta positiva que usted quiere. Por ejemplo, puede marcar límites relacionados con terminar algo en un tiempo determinado o hacer una cierta cantidad de algo. Por citar un caso específico, si quiere que su hijo ordene la habitación, puede marcar un límite de tiempo de cinco minutos o bien puede pedirle que compita con sus hermanos o hermanas para ver quién acaba primero.
- *Consiga que parezca un juego.* Si el «entrenamiento» parece un juego divertido y no una exigencia más, hay muchas más posibilidades de que su hijo obedezca. Por ejemplo, en el caso de ordenar la habitación que hemos comentado an-

tes, puede plantearlo como una competición entre hermanos. Para ello puede utilizar un cronómetro, preparar un gran premio para el ganador y premios de consolación para los demás y decir: «Preparados, listos... ¡ya!», antes de empezar. A continuación, vaya recortándoles el tiempo transcurrido mientras se dan prisa en completar la tarea. Esto contribuye a que la tarea resulte más divertida, centra a los niños y les incita a divertirse mientras trabajan.

- *Utilice recompensas.* Cuando haya marcado un límite y planteado un desafío, puede ofrecer a su hijo o hijos una recompensa por llevar a cabo la tarea. Cuéntele la fascinante recompensa que va a recibir cuando termine. Haga que la recompensa sea algo que su hijo quiera, tal vez comentando cuál sería su recompensa preferida antes de empezar la tarea.
- *Invéntese historias.* Como hemos visto en el ejemplo de *Poli de guardería*, los niños responden muy bien a las historias de ficción. En la película, Schwarzenegger imagina que los niños son policías novatos y, como parte de su entrenamiento, deben poner en práctica conductas positivas. Si tomamos el ejemplo de los niños ordenando la habitación, puede decirles que van a ser detectives y esconder un par de «pistas» entre el desorden. Esto les animará a ordenar las cosas con cuidado y concentración.
- *No deje de practicar.* Entender bien el entrenamiento requiere mucha práctica. Puede darle un aire más divertido planteando la práctica como una especie de juego. Por darle sólo una idea, si tiene el valor suficiente, puede decirle a su hijo que puede pasarse un día desordenando al máximo la habitación, para poder practicar después sus habilidades a la hora de ordenar.

6

Emitir señales

Los padres emitimos señales a los niños en todo momento, seamos conscientes de ello o no. Ya he comentado lo importante que es una comunicación adecuada para lograr que los niños se comporten bien. En este capítulo encontrará mucha más información sobre cómo puede comunicarse con sus hijos del modo más eficaz. En tanto que profesora, debo comunicarme con clases compuestas por un mínimo de treinta alumnos y tengo que utilizar de forma muy clara el rostro, la voz y el cuerpo para asegurarme de que consigo lo que quiero. En este capítulo expondré algunos de los mejores consejos prácticos y estrategias que he aprendido durante mis años de trabajo con niños de edades distintas.

Existen muchas maneras de comunicarse con su hijo. En este capítulo las divido en señales verbales y no verbales. La manera más obvia de comunicarse es, sencillamente, diciéndole al niño lo que quiere. Pero no es sólo *qué* dice, sino también *cómo* lo dice. Más adelante examino cómo mejorar la calidad de las señales verbales que emite a su hijo.

Además de comunicarnos con nuestras voces, también podemos hacerlo de otras maneras. Entre estas señales no verbales se incluye el modo de utilizar el cuerpo, el modo de utilizar el espacio, el uso de distintos niveles y demás. Con frecuencia, estas señales no verbales transmiten a nuestros hijos un mensaje mucho más contundente que si nos limitamos a hablarles. Tenga en cuenta que puede utilizar todos estos tipos de señales para transmitir mensajes positivos a sus hijos, en lugar de centrarse en los tipos negativos de comunicación.

Introduciendo pequeños cambios en las señales que emite, puede decir a su hijo si se está portando de modo correcto o incorrecto. Cuando llegue el momento de enfrentarse al mal comportamiento, también puede utilizar estas señales para mostrar diversos grados de corrección e incorrección. Por ejemplo, a veces un niño se porta mal de un modo realmente grave, mientras que, otras veces, el mal comportamiento sólo reviste poca importancia. Las señales que emitimos a nuestros hijos nos ayudarán a indicar lo negativa o positiva que es la conducta.

Señales verbales

Muchos de nosotros recurrimos al uso de la voz cuando queremos comunicarnos con nuestros hijos. Por supuesto, esto no es posible si el niño todavía no entiende las palabras que empleamos. Tal vez haya observado cómo su hijo parece entender lo que le está diciendo, aunque todavía no hable. En realidád, puede que entienda mucho más de lo que usted advierte, pero es que usted también se está comunicando de otras maneras más sutiles. Por ejemplo, el tono de voz y las señales no verbales que emita ayudarán a aclarar lo que quiere decir.

En este apartado voy a examinar las señales verbales que emitimos a nuestros hijos. En primer lugar, estudiaré el modo de utilizar las voces, para pasar seguidamente a lo que decimos analizando las mejores maneras de comunicarse con nuestros hijos mediante el habla.

Utilizar la voz

Cuando utilizamos la voz para comunicarnos con nuestros hijos, tendemos a centrarnos en lo que estamos diciendo, en lugar de en cómo lo estamos diciendo. Realmente, merece la pena ser más consciente de cómo utilizamos la voz, ya que puede determinar en gran medida la calidad de la comunicación con el niño. Algunos consejos prácticos le ayudarán a ser más consciente de cómo utiliza la voz.

- *Aprenda a oírse.* Aprender a oírse cuando esté hablando con su hijo le ayudará a utilizar la voz con mayor eficacia. Probablemente descubrirá que su manera de imaginarse cómo suena es muy distinta a la realidad. Hay varias maneras de oírse, entre las que cabe destacar:

  — pedir a otra persona (quizás el otro progenitor o un familiar) que le diga cómo suena su voz cuando está tratando a su hijo;

  — «salir de sí mismo» para tratar de saber cómo le oye su hijo;

  — si tiene valor suficiente para hacerlo, grabarse en casete o en vídeo para obtener una visión con todos sus defectos.

- *Recuerde que los niños oyen de forma distinta.* Procure recordar que los niños son más pequeños que nosotros. Esto implica que no nos oyen igual que como nos sonamos a nosotros mismos o a otros adultos; por ejemplo, lo que parece un nivel de volumen normal puede sonar, en realidad, muy alto para nuestro hijo.

- *Aprenda a escuchar a su hijo.* Además de aprender a oírse, debe ejercitarse en escuchar las señales que emite su hijo a través de la voz. Puede advertir que suena estresado, enfadado o triste. El sonido de su voz le ayudará a comprender su estado emocional y, en consecuencia, a tratarlo del modo más adecuado.

A la hora de utilizar nuestras voces, debemos pensar en cuatro elementos: el volumen, la velocidad, el tono y la emoción. En páginas posteriores ofrezco algunas reflexiones más sobre esta cuestión, incluidos consejos sobre cómo utilizar la voz con eficacia. Además de estos cuatro elementos, examino el papel que puede desempeñar cantar y hacer otros ruidos para fomentar un mejor comportamiento.

VOLUMEN

Hay muchas maneras de utilizar el volumen de nuestra voz para ayudarnos a emitir señales a los pequeños; por ejemplo, podemos:

- aumentar el volumen de la voz para captar la atención del niño o mostrar enfado;
- hablar en voz más baja para tranquilizar al niño o mostrar descontento.

Puede emplear el volumen de la voz para controlar el comportamiento. Pruebe algunas de las ideas siguientes para ver cómo le funcionan:

- subir el volumen lentamente, en lugar de pasar directamente al grito;
- estar «calmado, pero con mirada asesina», en lugar de «alzar la voz enfadado»;
- introducir un cambio brusco en el volumen de la voz para mostrar cómo se siente;
- combinar un volumen alto con una orden expresada mediante una sola palabra, como: «¡Basta!» o «¡No!». Puede sorprender lo efectivo que resulta, pero no debe utilizarse en exceso.

Por supuesto, en el terreno del sonido entra todo el tema de los gritos. Más adelante encontrará un apartado independiente dedicado a esta cuestión.

VELOCIDAD

Una vez más, puede utilizar la velocidad de las palabras como ayuda en el control del comportamiento.
Es posible:

- hablar lentamente para tranquilizar la situación;
- introducir cambios rápidos en la velocidad de la voz;
- emplear distintas velocidades en una misma frase.

En lo referente a la velocidad de la voz, recuerde los puntos siguientes:

- Solemos hablar mucho más rápido de lo que advertimos, una circunstancia que complica a nuestros hijos la comprensión de lo que estamos diciendo.
- No tienda a dar por sentado que, solamente porque haya dicho algo una vez, le han escuchado y le han comprendido.
- Procure reducir mucho la velocidad de la voz, sobre todo cuando esté dando órdenes.
- Procure acelerar la voz para mostrar emoción, aprobación o satisfacción, y captar así la atención del niño.

TONO

El tono con el que hablamos puede constituir una convincente manera de enviar señales a nuestros hijos.

Es posible:

- Utilizar un tono de voz que denote interés y emoción para demostrar que aprueba el buen comportamiento.
- Utilizar un tono cortante para mostrar desaprobación.
- Imprimir un tono bajo y calmado a la voz para tranquilizar una situación.
- Introducir un repentino cambio de tono para manifestar sus emociones cambiantes.

Incluyo seguidamente algunos consejos prácticos sobre la utilización del tono de voz, recopilados tras años de trabajo con niños en clase.

- Cuanto más pequeño sea el niño, más necesario será exagerar el tono de voz para ayudarle a comprender lo que usted quiere.

- Al principio, quizá se sienta un poco tonto haciéndolo, pero notará que realmente influye en la conducta de su hijo.
- Procure combinar el tono de voz con la velocidad del habla para potenciar el efecto. Por ejemplo, utilice un tono bajo con velocidad lenta para tranquilizar a su hijo.

EMOCIÓN

Con frecuencia, la manera en que suenan nuestras voces delata los sentimientos más íntimos. Tenga presentes los siguientes puntos para ayudarle a controlar sus emociones:

- Cuando se esté enfrentando a una situación difícil, trate por todos los medios de mantener una voz impasible.
- Igual que con el tono, exagere la emoción que trasmite su voz cuando esté elogiando a su hijo, para dejar bien claro lo satisfecho que está.

Los siguientes consejos le ayudarán a reflexionar sobre la emoción que imprime a la voz y a adaptarla para mejorar el comportamiento de su hijo.

- Cuando estamos molestos o enfadados, estas emociones se dejan oír con mucha facilidad en nuestra voz.
- Si su hijo ve que es capaz de tomarle el pelo, esto podría suponer un incentivo para volver a portarse mal.
- La voz también puede revelar falta de confianza; por ejemplo, una emoción nerviosa que se transmite por la voz.
- Procure separar sus sentimientos íntimos de la emoción que se deja oír en su voz.

Además de comunicarnos mediante el habla convencional, también podemos aprovechar con eficacia las canciones y otros ruidos vocales para controlar el comportamiento de nuestros hijos. Son especialmente útiles como formas de distracción. Puede sonar un poco extraño, pero es sorprendente lo efectivo que resulta. Unas cuantas ideas le ayudarán a empezar:

- Cante sin cesar el nombre de su hijo cuando él se encuentre disgustado.
- Silbe a su hijo para distraerle cuando esté llorando.
- Emita sonidos de animales para captar la atención de su hijo (e imite también lo que hacen si disfruta actuando un poco).
- Intente usar la voz para gorjear, pitar o utilícela de otras maneras para distraer a un bebé.
- Combine las canciones, el tono de voz y la emoción para gran deleite de su hijo.
- Si puede, procure emplear distintos acentos regionales o internacionales para hablar con su hijo; esto le divertirá y no cabe duda de que captará su atención.

Qué decir

Aprender a comunicarse con eficacia no sólo tiene que ver con cómo hablamos, sino también con lo que decimos. Resulta tentador creer que podemos hablar con nuestros hijos igual que lo haríamos con los adultos. Sin embargo, recuerde que su hijo sólo es un relativo principiante en lo que al lenguaje se refiere, aunque esté aproximándose a la adolescencia. Usted lleva muchos años utilizando el lenguaje; su hijo hace poco tiempo que ha empezado y por lo tanto su vocabulario aún es bastante limitado. Los siguientes consejos prácticos le ayudarán a formular lo que dice con la mayor eficacia.

- *No lo complique.* Cuando esté comunicándose con su hijo, asegúrese de hacerlo utilizando palabras y estructuras sencillas. Recuerde que su hijo es un relativo principiante en comprender el funcionamiento del lenguaje. Procure no recurrir a palabras complicadas o estructuras difíciles en las frases, ya que a su hijo le costaría entender exactamente a qué se refiere.

- *Hable bien.* Cuando he dicho que no debe «complicarlo», no me refiero a que deba utilizar un lenguaje infantil para hablar con su hijo. De hecho, la mejor manera de enseñar a hablar a los niños es utilizar con ellos un vocabulario más o menos normal. Sin embargo, cuando se trata de controlar el comportamiento, el objetivo es ser lo más claro posible. Por eso, si puede dar órdenes sencillas con un lenguaje llano, habrá más posibilidades de que el niño haga lo que usted quiere.

- *No se alargue.* A los adultos les resulta relativamente fácil mantener una conversación larga, donde se está un rato hablando antes de ceder el turno al otro. Somos capaces de almacenar gran cantidad de lenguaje en nuestra mente de una vez, sin necesidad de ver escritas las palabras. A los niños no les sucede lo mismo. No se alargue en las órdenes o los comentarios; así su hijo será capaz de retener lo que ha dicho.

- *No se aparte de la regla de «tres cada vez».* Como consecuencia lógica que se desprende del punto anterior, mi experiencia me dice que los niños, por lo general, sólo pueden quedarse con unas tres instrucciones cada vez. Si recita de un tirón una larga lista de exigencias a su hijo, no debe sorprenderle que no recuerde lo que le ha dicho. Respetar la re-

153

gla de «tres cada vez» le ayudará a limitar la cantidad de información verbal que transmite a su hijo de una sola vez.

- *Utilice afirmaciones en lugar de preguntas.* Cuando trate cuestiones de comportamiento, procure centrarse en expresar exactamente lo que quiere, en lugar de pedirlo. Aunque esto sólo implique un sutil cambio en la forma de hablar, puede tener una enorme repercusión en el modo de reaccionar de su hijo. Esto significa que, en lugar de preguntar: «¿Por qué haces eso cuando te he dicho que no lo hagas?», sería más oportuno afirmar: «Quiero que dejes de hacer eso ahora mismo, por favor».

- *Utilice la repetición.* Es fácil presuponer que, como ha dicho algo una vez, su hijo debe ser capaz de comprenderlo y obedecer. Sin embargo, muchas veces será necesario utilizar la repetición para asegurarse de que su hijo, efectivamente, lo ha entendido. Puede repetir una posible sanción por mal comportamiento reiterado. Recuerde también que debe repetir lo que dice cuando elogie a su hijo, para asegurarse de que lo ha asimilado. Esto es especialmente válido en familias con mucho ajetreo y varios hijos a los que les puede costar enterarse de lo que está ocurriendo.

- *Utilice la técnica del «disco rayado».* Es un método estupendo, y muy utilizado por los profesores, para captar la atención de su hijo, pero que también puede resultar efectivo en casa. En la técnica del «disco rayado» se empieza una frase una y otra vez, hasta que se consigue la atención necesaria. Por ejemplo, puede decir: «Ben, quiero que...» y darse cuenta de que Ben no le está escuchando. Entonces repite la misma frase hasta que el niño le preste atención.

- *Utilice su nombre.* En una ocasión me dijeron una frase fantástica, que siempre procuro recordar cuando estoy trabajando con niños. Dice algo así: «El sonido más dulce para un niño es el sonido de su propio nombre». El nombre de su hijo forma parte de lo que le convierte en un individuo único. Es una de las primeras palabras que habrá escuchado, una y otra vez. Asegúrese de utilizar el nombre del niño para captar su atención; por ejemplo, cuando quiera elogiarle o castigarle.

- *Utilice indicaciones.* En clase, pongo mucho empeño en dar indicaciones cuando transmito instrucciones a mi grupo de alumnos. Por ejemplo, cuando planteo una pregunta, puedo empezar diciendo: «Levantad la mano si sabéis decirme…». Dando esta indicación sobre la conducta adecuada, impido que los niños me griten la respuesta y les centro en el planteamiento que quiero. También puede utilizar estas indicaciones en casa; por ejemplo, diciendo: «Mírame, por favor» antes de empezar a hablar con el niño.

- *Sea positivo.* En cualquier ocasión, procure encontrar maneras de destacar lo que su hijo tiene de positivo cuando hable con él. Aprenda a prever el buen comportamiento, en lugar de esperar a que las cosas se tuerzan, sobre todo cuando le está pidiendo que haga algo. Por ejemplo, si quería que su hijo fregara los platos, puede introducir la actividad diciendo: «Friegas los platos tan bien y siempre ayudas tanto a mamá. ¿Fregamos los platos juntos o me enseñas lo mayor que eres haciéndolo tú solo?». Prepare a su hijo para hacer bien las cosas utilizando al máximo posible afirmaciones positivas y desafíos. Asimismo, procure centrarse especialmente en el uso de un lenguaje positivo con su hijo, que incluya palabras como:

  — listo
  — brillante
  — estupendo
  — fantástico
  — excelente

- *Muéstrese entusiasmado.* Merece la pena reflexionar sobre cómo combinar lo que está diciendo con la forma de decirlo, sobre todo cuando el objetivo es fomentar un buen comportamiento. Recuerde utilizar el tono de voz, la velocidad y demás, junto con un lenguaje positivo, para entusiasmar y animar a su hijo.

- *Marque objetivos.* El uso de objetivos constituye realmente una excelente manera de conseguir el comportamiento deseado en su hijo. Todos respondemos bien cuando tenemos una meta a la que aspirar. Puede marcar objetivos para su hijo tanto a corto como a largo plazo; por ejemplo, un objetivo a corto plazo sería terminar los deberes, mientras que uno a largo plazo consistiría en, lograr que el profesor le ponga una buena nota.

- *Plantee un desafío.* Para conseguir que su hijo se implique en la idea de cumplir los objetivos que le marque, puede conseguir que perseverar para lograr los objetivos constituya un desafío divertido. Véase el apartado sobre el entrenamiento del niño en el capítulo anterior (págs. 139-143) para repasar algunas ideas sobre cómo hacerlo.

Qué no decir

Igual que debe tener presente algunas cosas cuando esté pensando qué decir, también hay cosas que debe evitar decir. Los consejos recopilados a continuación le ayudarán a dejar de decir a su hijo cosas que no debe, aunque no ha de ser demasiado duro consigo mismo si comete algún desliz de vez en cuando.

- *Procure no ser grosero.* Nos cuesta muy poco ser groseros con nuestros hijos, sobre todo cuando estamos cansados o estresados. Esfuércese al máximo para no utilizar un lenguaje grosero o descortés. Recuerde siempre que está dando ejemplo a su hijo. Si le dice: «No seas idiota» o «Cállate», no debería sorprenderse si de su boca también salen esas palabras.

- *Si dice palabras malsonantes, cuente con que su hijo también las dirá.* En tanto que adultos, en ocasiones sí nos permitimos comportamientos que no consideraríamos aceptables en los niños. Sé que, muchas veces, se me escapa alguna que otra palabra malsonante; cuando me golpeo el dedo con un martillo, seguro que no exclamaré: «¡Vaya por Dios!». Una vez dicho esto, también soy perfectamente consciente de que, si mis hijos me oyen decir palabras malsonantes, no puedo molestarme si oigo que las dicen ellos también. De hecho, con las palabras malsonantes suele ocurrir que, cuanto más escándalo formemos por ellas, más atractivas resultarán para los niños.

- *Hable con los niños igual que con los adultos.* Procure hablar con su hijo igual que si estuviera dirigiéndose a otro adulto. De este modo, mostrará un alto grado de respeto por el niño y le estará dando el mejor ejemplo posible. Ningún motivo justifica que, sólo porque sean más pequeños que nosotros, tratemos a nuestros hijos sin respeto cuando nos dirigimos a ellos verbalmente.

- *Evite el sarcasmo.* Sé lo fácil que es que se me escape un comentario sarcástico cuando estoy tratando con niños. Es casi como si se nos diera un arma secreta: podemos decir algo que el niño no va a entender bien, pero que nos va a hacer sentirnos mejor en nuestro fuero interno. Procure no ser sarcástico en la medida de lo humanamente posible. El niño no va a entender su chispeante ingenio y, desde luego, puede sentirse herido por lo que ha dicho.

157

- *No se alargue.* A muchos de nosotros nos encanta el sonido de nuestra propia voz y esto puede incitarnos a decir demasiadas cosas a nuestros hijos. En ocasiones, no dejamos de darles la lata y nos sorprende que no parezcan haberlo entendido. La realidad es que, posiblemente, su hijo haya desconectado a la mitad de su colosal sermón.

- *Sea realista.* Mi experiencia, sobre todo en el aula, me ha permitido observar que los niños se van «cerrando» progresivamente una vez han perdido la concentración. A los niños les cuesta retener muchas ideas en la mente, sobre todo las que sólo han oído en formato verbal. Asegúrese de ser realista con respecto a la cantidad de cosas que puede decirle a su hijo y las que realmente recordará después.

Gritar

Todos perdemos los estribos en alguna ocasión y gritamos a nuestros hijos (¡y si no le pasa, debe de ser un santo!). Por desgracia, gritar no funciona en absoluto como método para tratar el mal comportamiento. Entiendo totalmente por qué sucede y yo misma lo he hecho en numerosas ocasiones, tanto en casa como en clase. A pesar de todo, siempre que he gritado, lo he hecho con la sensación de que no es el planteamiento adecuado y que, en cierto modo, estoy fracasando si tengo que recurrir a alzar la voz.

En mi trabajo como profesora, si tuviera que gritar a mis alumnos con regularidad, enseguida me lesionaría la voz. También soy perfectamente consciente de que chillar a los niños que no se han portado bien parece alentar, en lugar de desalentar, los enfrentamientos que desearía evitar. He reflexionado mucho y con detenimiento sobre este tema durante los años que he estado trabajando con niños y he llegado a la sólida conclusión de que gritar no sirve absolutamente para nada. Apunto más adelante algunas ideas que justifican esta afirmación.

Por supuesto, puede tener una opinión completamente distinta. Tal vez crea que gritar le funciona muy bien cuando trata a su hijo. De ser así, no deje de utilizar esta técnica. A pesar de todo, eche un vistazo a algunas de las consideraciones que expongo seguidamente y reflexione si son aplicables a su caso.

¿POR QUÉ GRITAR NO FUNCIONA?

- Cuando grita, es probable que tenga un poco la sensación de haber perdido el control de sí mismo. Si se siente así, su hijo también lo percibirá.
- Cuando su hijo le vea perder el control, puede ocurrir:

  — que se lo tome como un incentivo para comportarse mal otra vez, y ponerle así nervioso;
  — o que se asuste, se disguste;
  — o que se ponga agresivo.

- Gritar suele propiciar actitudes agresivas, tanto en la persona que grita como en la persona a quien van dirigidos los gritos.
- Gritar puede agudizar una situación difícil, en lugar de suavizarla.
- Cuando grita, el sonido de la voz cambia y delata sus emociones íntimas.
- Transmitirá a su hijo emociones como la ira o la falta de confianza, que influirán en su conducta.
- Cuando gritamos tendemos a perder los elementos fundamentales del tono y la velocidad de la voz y pasamos a una

entonación única. Esto perjudica la efectividad de la comunicación con su hijo.

- Resulta más difícil mantener una actitud razonable cuando grita, porque realmente ha perdido, al menos, un cierto control de sí mismo. Cuando se vuelve irracional, cuesta mucho más afrontar una situación problemática.

- Finalmente, piense cómo se siente cuando alguien le grita: ¿a que no resulta nada agradable? Una vez más, recuerde siempre que está dando ejemplo de buena conducta a su hijo. Si le grita, ¡no se extrañe de que llegue un día en que él le grite a usted!

Por supuesto, es muy posible que todavía siga queriendo utilizar los gritos en alguna ocasión. Seguro que habrá momentos en que grite, a pesar de saber en su fuero interno que, realmente, no es lo mejor que puede hacerse. Una reflexión final sobre esta cuestión: un buen consejo práctico que he aprendido en mis años de clase es gritar sólo cuando no esté enfadado de verdad. Dado que tiene el control tanto de sí mismo como de sus emociones, gritar puede constituir un recurso muy efectivo de sanción en estas situaciones.

Señales no verbales

Cuando estoy enseñando a otros profesores formas de controlar el comportamiento de sus alumnos, hablo mucho del uso de «señales no verbales». Sencillamente, son señales que enviamos a nuestros hijos sin utilizar palabras. Además de comunicarnos con las voces, también podemos «decir» mucho sin llegar a abrir la boca. Desde las edades más iniciales, los niños son expertos en leer estas señales. A menudo, no nos damos cuenta de las señales

160

que estamos enviando, pero otros pueden ser capaces de interpretarnos perfectamente (con frecuencia, de forma subconsciente), y esto incluye a nuestros hijos.

Este apartado aborda los distintos tipos de señales no verbales, empezando por el uso del cuerpo para pasar a factores externos a nuestros yoes más inmediatos.

¿Por qué son tan importantes las señales no verbales?

En el aula, los buenos profesores confían mucho en la comunicación no verbal. Estas señales no verbales nos proporcionan una manera sencilla, fácil y muy convincente de comunicarnos con los alumnos. Por supuesto, las formas de comunicación no verbal también pueden funcionar muy bien en casa. Muchas razones distintas explican la utilidad de estas señales no verbales.

- *«Hablar» sin palabras.* Las señales no verbales le ofrecen una convincente manera de mostrar lo que quiere. Realmente, está diciendo al niño que puede «hablar» con él sin ni siquiera abrir la boca. Desde luego, el hecho de poder comunicarse sin palabras también las convierte en una excelente manera de «hablar» con un niño que todavía no comprende el lenguaje.
- *Centrarse en el rostro.* Desde muy pequeño, el bebé empezará a fijarse en el rostro del padre. Esto le ayuda a comprender lo que está intentando comunicarle. Aunque tal vez su hijo todavía no entienda lo que le dice, lo que esté haciendo su rostro le proporcionará numerosas pistas e indicaciones. Esta «lectura» del rostro continúa y mejora a medida que el niño va creciendo, hasta el punto de poder interpretar nuestro estado de ánimo sin que ni siquiera necesitemos

abrir la boca. Cuanto más comunicativo pueda hacer su rostro, mayor capacidad tendrá para controlar el comportamiento de su hijo.

- *Proporcionar un estatus elevado.* Si puede comunicar sus deseos sin ni siquiera tener que abrir la boca, esto le proporciona un estatus elevado en una relación. Aunque no creo especialmente que los niños tengan que admirarnos, sí considero que es más probable que un niño cumpla nuestros deseos si respeta el modo en que el adulto interactúa con él.

- *No lo complica ni requiere ningún esfuerzo.* En lugar de tener que utilizar montones de palabras y gastar energía, las señales no verbales nos permiten que las cosas sean fáciles y sencillas. Por ejemplo, puede expresar desaprobación arqueando las cejas o con una mirada severa, en lugar que con una sarta de quejas.

- *Fácil de entender.* La sencillez de las señales no verbales implica que a los niños les resulta fácil entenderlas. No hay confusión posible, ni quejas de que «no sabía a qué te referías». Si su hijo ve que frunce el ceño, chasquea y le señala, no cabrá duda alguna de que no le está causando buena impresión su comportamiento.

- *Hacer que no trascienda.* Utilizar la comunicación no verbal significa que puede hablar sin que su hijo tenga público. Desde luego, esto resulta muy útil en clase, donde un niño que tiene como público al resto de alumnos puede sentir tentaciones de «dar más guerra todavía». Igualmente, en casa, nos permite «hablar» de forma privada sin que nadie más se dé cuenta. Por ejemplo, esto significa expresar a un hermano mayor el disgusto que sentimos sin que se entere la hermana pequeña. La privacidad de la comunicación implica menos posibilidades de que un hermano se entere de lo que está sucediendo y, en consecuencia, es menos probable que trate de provocar al otro por haberse buscado problemas con papá o mamá.

- *Calmar la situación.* Cuando utilicemos la voz siempre existirá la tentación de gritar o perder el control. Si el niño decide contestar, enseguida pueden enzarzarse en una discusión a voz en grito. Por otra parte, si se anima a seguir utilizando señales no verbales, le ayudará a calmar la situación. ¡Como no está utilizando la voz, no hay posibilidad de que pueda alzarla!

- *Impedir que estemos demasiado encima.* Cuando hablamos y, en particular, cuando debemos hacer notar la mala conducta de alguien, resulta muy fácil caer en una sesión de quejas. No cuesta nada estar demasiado encima de sus hijos por su comportamiento, aunque, de hecho, no es una manera muy efectiva de enfrentarse a la mala conducta. En cualquier caso, tras los primeros segundos de oír al padre dándole la lata, es muy posible que el niño desconecte de lo que le está diciendo.

- *Positivo, además de negativo.* Recuerde que estas señales no verbales le permiten mostrar aprobación, además de desaprobación. De hecho, debería intentar emitir un mínimo de tres señales positivas por cada señal negativa. Las señales positivas pueden incluir una sonrisa, un guiño, un gesto con el pulgar para indicar que todo va bien, etcétera.

- *Varias señales a la vez.* Cuando esté utilizando las señales no verbales para comunicarse con su hijo, posiblemente descubrirá que, en realidad, está combinando varias de esas señales cada vez. Por ejemplo, puede recurrir a una mirada severa y de desaprobación mientras está de pie con los brazos cruzados.

El hecho de utilizar varias señales al mismo tiempo incrementará la fuerza del mensaje que esté transmitiendo.

Utilizar el cuerpo

Voy a abordar la forma de utilizar el cuerpo desde la parte superior hasta la inferior. Empezaré por explicar cómo pueden utilizarse las distintas partes del rostro para pasar a examinar cómo usar también el resto del cuerpo. Voy a comentar las señales tanto positivas como negativas que pueden emitirse con el cuerpo. Las positivas proporcionan maneras de mostrar satisfacción o aprobación, mientras que, con las negativas, puede manifestar que ha advertido alguna conducta inadecuada o que desea que el niño deje de hacer algo inmediatamente. Recuerde que el objetivo ha de ser emitir muchas señales positivas y procurar limitar el número de señales negativas que deba utilizar.

Gran parte de lo que comento en este apartado es, de hecho, algo natural e instintivo y posiblemente descubrirá que ya está utilizando muchas de estas señales no verbales. Cuanto más consciente sea de lo que está haciendo, mayor capacidad tendrá de incrementar el uso de las señales más eficaces. Tenga presente que no todas las señales poseen la misma eficacia al ponerse en práctica con niños distintos. Por ejemplo, con un niño que enseguida se vuelve agresivo, podría evitarse un uso excesivo del contacto visual porque quizá le incite a reaccionar de un modo más violento.

El rostro

Señales positivas
- establecer contacto visual para mostrar que se ha dado cuenta de algo bueno;
- abrir mucho los ojos para mostrar emoción o aprobación;
- sonreír (preferiblemente, con todo el rostro) para expresar que está contento;

- abrir mucho boca y ojos para decir: «¡Vaya, qué listo eres!»;
- guiñar el ojo al niño, con una leve sonrisa en el rostro.

Señales negativas

- establecer contacto visual para mostrar que ha advertido alguna conducta inadecuada a punto de ocurrir;
- fruncir el ceño para mostrar irritación o enfado;
- arquear las cejas con la voluntad de decir: «¿Estás seguro de querer hacer eso?»;
- utilizar los ojos para lanzar una «mirada asesina» (¡es uno de los preferidos de los profesores, ya que puede hacer callar a un niño o a una clase sin pronunciar una sola palabra!).

Las manos

Señales positivas

- dar palmas para expresar aprobación;
- indicar «bien hecho» con el pulgar;
- «chocar esos cinco» o entrechocar los puños para mostrar que se ha hecho un buen trabajo entre los dos;
- una caricia o una palmadita para expresar amor.

Señales negativas

- taparse la boca con las manos para expresar sorpresa;
- chasquear una vez y luego señalar para decir: «Deja de hacer eso inmediatamente»;
- utilizar las manos con las palmas hacia abajo para decir: «Tranquilízate»;
- dar una palmada para captar la atención del niño y decir: «¡Ya vale!».

Lenguaje corporal

Señales positivas
- alargar los brazos hacia el niño, indicando: «Dame un abrazo, ¡eres estupendo!»;
- inclinarse hacia delante para mostrar interés por lo que está haciendo;
- agacharse y acercarse, para demostrar una vez más que le presta atención.

Señales negativas
- quedarse de pie, cruzando los brazos por encima del pecho;
- apoyar las manos en la cintura, lanzando al niño una «mirada asesina»;
- dar la espalda al niño, retirarle su atención para manifestarle su desaprobación.

Otras maneras de emitir señales

Además de utilizar el rostro, las manos y el cuerpo para emitir señales, también podemos recurrir a otras técnicas. He recopilado algunas de ellas a continuación. A medida que vaya siendo cada vez más consciente de las formas no verbales de comunicación, tal vez sea capaz de incorporar más a la lista.

- *Utilizar el espacio.* La posición de los cuerpos en relación con otra persona puede emitir señales convincentes sobre lo que queremos expresar. Por ejemplo, puede acercarse a un niño que está portándose mal para demostrar que se da cuenta de lo que ocurre. Otras posibilidades como coger a un niño que está jugando con algo peligroso o tomarle de la mano y llevárselo a otro sitio le transmitirán que desea que pare.

- *Utilizar niveles.* Cuando quiero hablar con un niño en clase y, sobre todo, cuando tengo que enfrentarme al mal comportamiento, trato de situarme a su nivel en la medida de lo posible. Esto facilita el mantenimiento del contacto visual con el niño y también deja claro que usted sabe lo que está pasando. Cuando necesite charlar con su hijo, procure bajar a su nivel, quizás agachándose a su lado o sentándose con él en el suelo.
- *Utilizar sitios.* También podemos emitir señales convincentes utilizando varios sitios distintos. Por ejemplo, podría recurrir a una «silla para niños malos» donde su hijo tenga que sentarse si ha hecho algo inadecuado. Una variación de esta técnica consiste en emplear el peldaño más bajo de la escalera, o incluso mandar al niño a su habitación.

El poder de no hacer nada

En ocasiones, podemos transmitir un mensaje muy convincente limitándonos a no hacer nada. Esto puede implicar hacer uso de la «táctica de ignorar» o la «táctica de la expresión vaga en el rostro» descritas más adelante. La clave de «no hacer nada» es aprender cuándo es la estrategia adecuada que debe utilizarse. Puede recurrir a estos planteamientos:

- cuando su hijo esté haciendo alguna tontería y no una travesura muy grave, quizá para llamar su atención;
- cuando su intervención tienda a fomentar la repetición del mal comportamiento en lugar de desalentarlo;
- cuando el niño sepa que lo que hace está mal; por ejemplo, si antes han estado comentando la conducta inadecuada;

- cuando no hacer nada dé tiempo a su hijo para pensar en su conducta y tomar la decisión por sí mismo;
- cuando, sencillamente, necesite volver a captar la atención de su hijo, pero no quiera pelearse para conseguirlo.

En tanto que profesora, considero que no hacer nada es una técnica muy convincente dentro del aula. Por ejemplo, puedo estar hablando a la clase cuando digo algo que les divierte y todos se echan a reír. En ese momento, podría ponerme nerviosa y esperar a que volvieran a hacerme caso al momento. Sin embargo, este planteamiento es una forma segura de generar más tensión de la necesaria. En lugar de hacer eso, limitarme a quedarme quieta sin decir nada, esperando a que la clase se tranquilice, supone un modo mucho más sencillo y efectivo de transmitir lo que quiero.

Cuando se enfrente al mal comportamiento, no tema tomarse un descanso de vez en cuando. Esto les proporciona tiempo tanto a usted como a su hijo para reflexionar sobre lo que está ocurriendo. Les da a ambos la oportunidad de tranquilizarse y les ayudará a abordar la situación de un modo más racional. A continuación, encontrará más detalles sobre dos formas específicas de utilizar este planteamiento que tal vez desee probar con su hijo.

LA «TÁCTICA DE IGNORAR»

Esta táctica implica hacer caso omiso de las malas conductas de poca importancia. Como ya he señalado, prestar atención a cada pequeña cosa enviará señales equivocadas a su hijo. Empezará a aprender que si desea llamar su atención, lo único que tiene que hacer es portarse mal. Es mucho mejor prestarle atención cuando esté haciendo lo que usted quiera y aprender cuándo es apropiado el método de ignorarlo. Necesitará hallar un equilibrio entre hacer caso omiso de las malas conductas de poca importancia y consentir a su hijo las faltas más graves que sí requieren su atención. Una vez más, estará tomando decisiones sobre sus expectativas constantemente.

LA EXPRESIÓN VAGA EN EL ROSTRO

Mostrar a su hijo una expresión vaga en el rostro puede constituir una técnica muy efectiva cuando se porta mal. Su expresión vaga está diciendo: «No tengo ninguna intención de responder a lo que estás haciendo; no me estás molestando en absoluto y, de hecho, si siquiera reconozco tu presencia cuando haces eso». Al retirar su atención de este modo, está emitiendo una señal muy convincente a su hijo. Está acostumbrado a ver emoción en su rostro, ya sea amor o ira. La mirada vaga elimina toda su atención y la sustituye por nada.

7

Elogio positivo, castigo positivo

Dos de las armas más poderosas que poseemos para conseguir que nuestros hijos se comporten como queramos son las recompensas y los castigos. Si aprende a utilizar estas estrategias de una forma positiva, le sorprenderán los resultados que pueden obtener en el comportamiento de su hijo. En el nivel más simple, una recompensa ofrece al niño un motivo para repetir el buen comportamiento: si lo hace, obtendrá de nuevo la misma recompensa. Un castigo le ofrece un motivo para no repetir el comportamiento, porque desea evitar que la sanción se repita.

En mis años de profesora, he tenido que utilizar muchas veces tanto recompensas como sanciones. En este capítulo, voy a compartir con los lectores algunos de los consejos prácticos, estrategias y secretos que he descubierto. Examino los distintos tipos de recompensas y sanciones que el padre puede utilizar y la mejor manera de aplicarlos. Asimismo, esbozo un plan para llevarlos a la práctica. Como ya he apuntado a lo largo del libro, procure esperar lo máximo de sus hijos. Ponga el listón muy alto y no olvide recompensar a los niños con regularidad cuando hagan lo que desea.

Elogio positivo, castigo positivo

Me gustaría empezar el capítulo explicando lo que significa en realidad el título «Elogio positivo, castigo positivo». Las siguientes ideas resumen lo que quiero decir con esta frase:

- Crear un clima positivo, y no negativo, en la relación que mantiene con su hijo o hijos.
- Centrarse en la conducta que desea y no en la que no desea.
- Aprender a luchar contra la tentación natural que induce a fijarse en un niño que se porta mal.
- En lugar de eso, aprender por uno mismo a prestar atención cuando los niños se están portando bien.
- Transmitir a su hijo el mensaje de que la manera de ganarse su atención es haciendo lo correcto y no lo incorrecto.
- Centrarse en ofrecer recompensas y no en imponer castigos.
- Intentar utilizar, por lo menos, tres recompensas por cada castigo o sanción.
- Sorprender a su hijo portándose bien tan a menudo como sea posible.

- Cuando los niños se portan bien, recompensarlos del modo más rápido y completo que sea posible.
- Asegurarse de que los niños tienen ganas de conseguir las recompensas que les ofrece.
- Cuando sea necesario utilizar sanciones, tratar de aplicarlas de una forma positiva.
- Esperar que las cosas vayan bien en lo que respecta al comportamiento de sus hijos.
- Alimentar la expectativa de que su hijo va a hacer lo que usted quiere.
- Reaccionar con sorpresa, y no enfadándose, cuando su hijo sí se porte mal.

Recompensas

Este primer apartado aborda el «elogio positivo», el primer término de la ecuación. He optado por centrarme primero en este ámbito para dejar claro que es mucho más importante que el castigo. En esta parte del capítulo, abordo el modo de conseguir que las recompensas funcionen bien para usted y su hijo. También examino los distintos tipos de recompensas que podemos utilizar, para concluir explorando la mejor manera de aplicar las recompensas que decida poner en práctica.

Conseguir que las recompensas funcionen

Como profesora, soy perfectamente consciente de lo difícil que resulta conseguir que las recompensas lleguen a funcionar. Para lograrlo en casa, intente seguir los consejos que detallo a continuación:

- Una recompensa sólo servirá si el niño desea recibirla.
- Para las distintas edades funcionarán mejor recompensas distintas.
- Para niños distintos funcionarán recompensas distintas.
- Averigüe cuál es la que se adecúa a usted y a su hijo o a cada uno de sus hijos.
- Cuando haya encontrado una recompensa efectiva, aprovéchela al máximo, utilizándola tanto como resulte razonable.
- Tenga presente que los niños cambian con el tiempo y también las recompensas que les funcionan. Esté dispuesto a abandonar una recompensa cuando deje de funcionar.
- Las recompensas mejores y más eficaces suelen ser gratuitas y fáciles de utilizar (véase más adelante «Tipos de recompensas», para ver algunas ideas).
- Puede erigir en recompensa, y no en derecho, muchos de los pequeños placeres de la vida, como la televisión, las chucherías y el dinero para gastos personales.
- Sea ingenioso y original con las recompensas que utilice (para algunas ideas sobre cómo hacerlo, véanse las págs. 75-80, dedicadas a la creatividad).

Recompensas inmediatas y recompensas aplazadas

Existen dos tipos básicos de recompensa o gratificación. Una recompensa puede consistir en una reacción inmediata ante un buen comportamiento o puede ser algo que se vaya ganando durante un período de tiempo más largo. Cuando considere si debe utilizar recompensas inmediatas o aplazadas, tenga en cuenta los siguientes factores:

- Utilizar una recompensa inmediata establecerá en la mente del niño una instantánea relación entre el buen comportamiento y su recompensa.
- Puede emplear una recompensa aplazada pidiéndole que mantenga ciertas buenas conductas antes de ganársela.
- Puede calificar de algún modo estas buenas conductas, como recordatorio de lo bien que lo hace el niño. Por ejemplo, puede usar una pegatina o un sistema de puntuación (véase la página 177).
- Las recompensas inmediatas suelen ser más pequeñas, mientras que las aplazadas pueden ser mayores, a lo mejor materiales (por ejemplo, un juguete).
- Los niños muy pequeños no tendrán capacidad para mantener la relación entre el buen comportamiento y una recompensa que no se ofrezca de forma inmediata.
- Cuanto mayores sean sus hijos, más capaces serán de comprender y aceptar la gratificación aplazada.

Tipos de recompensas

Su elogio

- El elogio destaca por ser una de las recompensas más impactantes.
- Nuestros hijos quieren que estemos satisfechos con ellos.
- Prodigar elogios es fácil y gratuito.
- El elogio hace que usted y su hijo se sientan bien.
- Sorprenda a su hijo haciendo lo que usted quiere y ¡cólmelo de elogios!
- Utilice palabras como «brillante», «excelente» y «estupendo».
- No puede excederse con el uso del elogio.

Pequeños placeres

- Los pequeños placeres como chucherías, dinero y televisión son recompensas con mucho éxito.
- Puede utilizar esos placeres como un privilegio y no como un derecho.
- Puede recompensar cada comportamiento positivo con una pequeña cantidad de dinero, obligando al niño a «ganarse» el dinero para sus gastos personales.
- Piense en las señales que está emitiendo.
- Por ejemplo, ¿quiere que su hijo asocie los dulces con ser recompensado?

Su tiempo, su atención

- Es otra recompensa muy efectiva.
- Una vez más, es gratuita, aunque no siempre resulta fácil de dar ni siempre hay disponibilidad.
- Jugar con sus hijos les ayuda a aprender.
- ¡Jugar con sus hijos debería ser divertido!
- Preste atención a su hijo cuando se porte bien, no cuando se porte mal.
- Ofrézcale pasar tiempo juntos (por ejemplo, en una excursión) como «zanahoria» por haberse portado bien.

Estrellas y pegatinas

- Las estrellas y pegatinas proporcionan una manera visual de mostrar su aprobación.
- Estas recompensas «manifiestan» nuestra aprobación con eficacia.
- Puede utilizarse un cuadro con estrellas para dejar constancia de las recompensas aplazadas.
- Si consigue obtener X estrellas, el niño recibe la recompensa Y.
- ¡Mi experiencia me dice que a los niños les encantan las pegatinas!
- Permita que su hijo coloque la pegatina en el cuadro, para que la recompensa resulte aún más especial.

Sistemas de puntuación

- Para aplazar las recompensas, puede utilizarse un sistema donde «se ganen» puntos.
- Puede recurrir a introducir monedas en un bote o algo similar.
- Esto contribuye a que la recompensa sea visible y resulte atractiva.
- El niño podría ganar una recompensa mayor si lograra una serie determinada de puntos.
- Este tipo de planteamiento funciona mejor con niños mayores, que entienden lo que es una gratificación aplazada.

Cómo ofrecer recompensas

Tal vez piense que recompensar es algo muy sencillo. En realidad, si quiere recompensar a su hijo con la mayor eficacia, debería seguir algunos consejos prácticos.

- Deje bien claro exactamente por qué se le está ofreciendo la recompensa.
- Establezca una relación muy clara entre la buena conducta y la recompensa.
- Comente con su hijo cómo puede volver a ganarse la recompensa.
- Marque un objetivo al que el niño pueda aspirar para ganar más recompensas.
- Mantenga bien alto el listón de sus expectativas, tal vez haciendo que el objetivo resulte algo más difícil de conseguir cada vez.

Breve reflexión sobre las distracciones

El lector habrá advertido que, a lo largo de este libro, he hecho hincapié en lo útiles que pueden resultar las distracciones para apartar a un niño del mal comportamiento. Sin embargo, llegará un momento en que deseará enfrentarse al mal comportamiento en lugar de limitarse a distraer al niño para que cese la conducta inadecuada. Por ejemplo, si a un niño le entra un berrinche cada vez que uno de los progenitores sale de la habitación, al final querrá que se enfrente al problema, en lugar de que, simplemente, el otro progenitor le distraiga una y otra vez para que se le pase el berrinche.

Resulta difícil indicar el momento preciso en que debe iniciarse este proceso, pues dependerá en gran medida de su estilo como padres, de cada niño, de la conducta a la que se esté enfrentando y demás. Usted sabrá cuándo ha llegado el momento, cuándo el niño no va a limitarse a llorar sin cesar y calmarse después, sino que va a ser capaz de enfrentarse al comportamiento y sus consecuencias.

Sanciones

En los colegios empleamos la palabra «sanciones» para referirnos a los castigos. Una buena razón explica que sea una palabra mucho más apropiada para utilizar también en casa. La idea es que, en realidad, no está tratando de castigar a su hijo, sino que pretende sancionar una determinada conducta que ha manifestado el niño. Las sanciones deben dirigirse a la conducta en sí misma y no al niño. No está tratando de conseguir que el niño sienta que ha sido malo; lo que no quiere que se repita es el comportamiento inadecuado.

Conseguir que las sanciones funcionen

Durante los años que me he dedicado a la docencia, me he visto obligada a aplicar sanciones en numerosas ocasiones. Aunque siempre destaco la necesidad de planteamientos positivos, hay algunas situaciones en que una sanción es la mejor o la única opción. Si un niño se ha comportado de un modo totalmente inapropiado, debe aprender que esa conducta será castigada. Cabe esperar que, al aplicar el mejor tipo de sanción, e imponerla de la mejor manera posible, el niño aprenderá rápidamente a no repetir la conducta.

Algunos consejos útiles le ayudarán a conseguir que las sanciones funcionen con su hijo:

- Procure imponer sanciones lo menos posible, aunque, obviamente, utilícelas cuando se merezcan.
- Tenga presente que los castigos pueden crear un ambiente negativo y pueden resultar perjudiciales para la relación que mantiene con su hijo.
- Trate de recurrir a medios más positivos siempre que resulte apropiado; por ejemplo, utilizar distracciones.
- Otra posibilidad es recompensar la buena conducta de un hermano para enseñar a su hijo el comportamiento que desea y que será recompensado.
- Una sanción sólo funcionará cuando el pequeño no quiera recibirla.
- Funcionarán mejor sanciones distintas para cada edad.
- Funcionarán mejor sanciones distintas para cada tipo de niño.
- Distintas sanciones le funcionarán mejor como padre; por ejemplo, en función del esfuerzo que exija aplicarlas.
- Averigüe tan pronto como pueda qué sanciones le van mejor a usted y a sus hijos y utilícelas.

- Recuerde que los niños están cambiando constantemente y que lo que funciona un día puede no tener ninguna eficacia al siguiente.
- Si amenaza con una sanción, debe imponerla; de lo contrario, estará minando su autoridad.
- Si se impone una sanción, el niño debe cumplirla o no sirve para nada. El mensaje que está transmitiendo si no sigue adelante con ella es que sus amenazas están vacías de contenido.
- Si su hijo cree que no tendrá que cumplir la sanción, también se dará cuenta de que no tiene que hacer lo que le pida.
- Utilizar sanciones de un modo claro y coherente le permitirá utilizarlas menos, porque su hijo sabrá que lo está diciendo en serio.
- Procure ser justo; no imponga un castigo mayor de lo que la conducta se merece.
- Sea muy claro con respecto a lo que está sucediendo. Exponga cuál es la conducta inadecuada, por qué se ha merecido la sanción, cuál será y cuándo deberá cumplirla el niño.
- Aprenda a no mezclar sus emociones; si está nervioso o enfadado, no podrá enfrentarse al problema de un modo justo y racional.
- A ser posible, trate de no personalizar la situación, culpando al comportamiento y no al niño.
- Recuerde que debe mostrarse flexible: permita que el niño «se salga con la suya» alguna vez, cuando la situación lo merezca o cuando crea que ha sido injusto. Deje claro al niño que está haciendo esto.
- Las sanciones mejores y más efectivas son gratuitas y fáciles de usar. Para un niño que respeta y quiere a sus padres, su disgusto o desaprobación transmiten un mensaje muy convincente.

Sanciones inmediatas y sanciones aplazadas

Igual que sucede con las recompensas, a medida que su hijo vaya creciendo podrá utilizar algunas sanciones aplazadas. Pero recuerde que gran parte del poder que encierra un castigo radica en la inmediata relación entre el mal comportamiento y sus consecuencias. Amenazar a un niño con una frase como «Cuando llegue a casa tu padre, va a darte tu merecido» es bastante vago. De hecho, cuando el padre regrese, el niño puede haber olvidado exactamente cuál fue el mal comportamiento.

Por supuesto, estos castigos aplazados pueden transmitir un mensaje, ya que dejan al niño sufriendo por el mal comportamiento. Sin embargo, en términos generales, cuanto antes se administre la sanción, mejor. No sirve de nada que cualquiera de los dos le esté dando demasiadas vueltas al mal comportamiento: cuando se ha producido, imponga la sanción, haga que se cumpla y pase a cosas más positivas.

Tipos de sanciones

Su desaprobación

- Es una de las sanciones más convincentes.
- Resulta especialmente útil cuando los padres mantienen una relación muy estrecha con los hijos.
- Es una sanción gratuita y fácil de utilizar.
- Trate de igualar su nivel de desaprobación con lo «mala» que considere que es la conducta inadecuada.
- Muéstrese decepcionado y no enfadado; resulta mucho más efectivo.

Gritar

- No resulta especialmente efectivo como sanción.
- Es gratis, pero utilizarlo le somete a tensión personal.
- Puede empeorar una situación donde un niño se esté descontrolando.
- Un buen consejo práctico es gritar cuando no esté enfadado de verdad: de este modo, mantiene el control de sí mismo y de sus emociones.
- Véase el apartado de las páginas 158-160 para más reflexiones sobre los gritos.

Cambio de sitio o quitar el objeto

- Es un método sencillo y relativamente fácil de utilizar.
- Le separa de su hijo cuando es probable que los niveles de tensión sean elevados para ambos.
- Puede sacar al niño de la habitación y llevarlo a otro lugar sin riesgo.
- Puede quitarle un objeto al niño, si no puede manipularlo correctamente o parece probable que lo estropee.
- Puede quitar al niño algún juguete o algún privilegio, como por ejemplo el tiempo que pasa delante del ordenador.
- Sencillamente, puede dejar de prestar atención al niño.

Pérdida de privilegios

- Quitar privilegios a su hijo es gratuito y relativamente fácil de hacer.
- Asegúrese de que determinadas cuestiones se consideran un privilegio y no un derecho.
- Puede incluir aquí privilegios como ver la televisión, acostarse más tarde de lo normal, etcétera.
- Véase el apartado sobre derechos y responsabilidades (págs. 112-116) para más reflexiones sobre esta cuestión.

«El sitio para los niños malos»

- Esta sanción implica asignar un sitio específico al que debe ir el niño cuando se haya portado mal.
- Se asemeja a la idea de «cambio de sitio» descrita anteriormente.
- Puede utilizar el peldaño más bajo de la escalera o tal vez un determinado taburete o asiento.
- El sitio «para los niños malos» «representa» su desaprobación.
- Tener que estar sentado y quieto durante un período de tiempo da a su hijo la oportunidad de pensar en lo que ha hecho.
- Esta sanción sólo funcionará si el niño se sienta donde se le ha indicado y no se mueve.

Cómo imponer sanciones

Puede pensar que imponer una sanción es tan sencillo como decir cuál es el castigo y asegurarse de que el niño lo cumple. Sin embargo, las sanciones que imponga resultarán más efectivas si aprende a aplicarlas del modo correcto. Imponiendo sanciones correctamente, minimizará los efectos negativos que pueden producirse cuando se ve obligado a recurrir al castigo. Algunos consejos prácticos le enseñarán a hacerlo:

- Antes de empezar, acérquese al niño en lugar de gritar desde el otro extremo de la habitación. Mantenga la imposición de sanciones en la mayor privacidad posible.
- Esto reviste una especial importancia cuando tenga más de un hijo; no desea que ninguno de los hermanos actúe de público y, en consecuencia, se incremente lo que está en juego para el niño que recibe el castigo.
- Sitúese a su nivel; por ejemplo, puede sentarse a su lado en el suelo.

- Asegúrese de que le está mirando y está concentrado en lo que va a decir.
- Utilice el nombre de su hijo para captar su atención y procure que establezca contacto visual con usted.
- Asegúrese de estar tranquilo y sereno antes de empezar; no permita que le sulfure la mala conducta de su hijo o no se enfrentará a la situación de un modo racional.
- Si la situación lo merece, trate de distraer a su hijo para que cese la mala conducta, en lugar de aplicar sanciones de forma inmediata.
- Esto puede implicar la sugerencia de un comportamiento positivo alternativo.
- Si el mal comportamiento es lo suficientemente grave como para obligarle a ocuparse de él de forma inmediata, exponga en qué consiste la mala conducta y por qué no está permitida.
- Diga a su hijo si le va a sancionar inmediatamente o si únicamente deberá sancionarle si no cesa su mal comportamiento.
- Deje bien claro en qué consistirá la sanción por este mal comportamiento (o por no dejar de hacerlo).
- Si su hijo es demasiado pequeño para comprender, transmítale señales mediante el tono de voz y el rostro.
- Aplique la sanción del modo más sereno y firme que pueda.
- Asegúrese de que su hijo cumple la sanción. Recuerde que, si no sigue adelante, su amenaza inicial se considerará vacía de contenido.

¿Y los bofetones?

Parece que el tema de los bofetones suscita emociones muy intensas en la gente, ya sea por estar totalmente a favor o firmemente en contra de la idea. Antes de proseguir, permítanme decir que comprendo perfectamente por qué puede llegar a propinarle un bofetón a su hijo. Sin embargo, en mi opinión, los bofetones no sirven como estrategia de control. Considero que la única persona para la que pueden «funcionar» es para el padre o la madre, tal vez porque le permiten desfogarse o sentir que tiene más control sobre su hijo cuando no funciona nada más.

Mi opinión, y puede no estar de acuerdo con ella, es que los bofetones están mal. Considero que no está bien utilizar planteamientos físicos para dominar a otra persona, sobre todo cuando esa persona es más pequeña que uno. Nunca se nos ocurriría pegar a un compañero de la oficina porque no ha hecho lo que nosotros queremos. De esto se desprende que no tenemos derecho a pegar a nuestros hijos, sea cual sea la provocación, ¿verdad?

En tanto que profesora, no se me permite utilizar la violencia física contra mis alumnos, me hagan lo que me hagan (y me han insultado y amenazado con agresiones físicas en varias ocasiones). Los llamados «buenos tiempos», donde estaba permitido el uso de la vara o un golpe con la regla, hace mucho que pasaron. A mi juicio, es muy positivo.

Una vez dicho esto, comprendo algunas de las razones que podrían explicar el recurso a un bofetón ocasional para meter en cintura a su hijo. Más adelante he expuesto las razones a favor y en contra. Luego le corresponde a usted decidir si debe utilizar o no los bofetones como forma de castigo con su hijo.

Bofetones: a favor y en contra

¿Por qué propinar un bofetón?
- Causa una impresión breve y repentina.
- Puede utilizarse como forma de expresar una profunda desaprobación.

- Puede utilizarse para indicar cuándo algo es muy peligroso.
- En ocasiones, puede resolver un problema de comportamiento al instante.

¿Por qué no propinar un bofetón?
- Puede hacerse un uso excesivo para resolver conductas inapropiadas de poca entidad que podrían controlarse mejor de otras maneras.
- Puede incitar a llamar la atención; una situación en que el niño se porta mal para ganarse la «atención» que supone un contacto físico con el progenitor (aunque sea un bofetón).
- Si se emplea para disciplinar a un niño que, sencillamente, está explorando el mundo, puede disuadirle de esta valiosa experiencia de aprendizaje.
- Los adultos son mayores y los niños son pequeños: ¿es realmente apropiado el dominio físico?
- Transmite el mensaje de que pegar a otras personas resulta aceptable y puede incitar a que el niño experimente con la violencia ejercida contra otras personas, como por ejemplo, los hermanos.
- Si el adulto pierde los nervios, podría suceder que un solo bofetón llevara a algo más grave.

Elogio positivo, castigo positivo: planificación

En cuanto su hijo sea lo bastante mayor como para comprenderla, tal vez desee introducir una manera específica de dejar constancia del buen comportamiento y desalentar las conductas inapropiadas. Podría resultar especialmente útil si está pasando por dificultades más graves con su hijo, aunque puede funcionar igual de bien con un niño que, normalmente, se porte bien. La idea es empezar a concretar más las conductas positivas; encontrar una manera de dejar constancia de ellas visual o físicamente para que su hijo sepa cuál es el objetivo que persigue. Crear una planificación de esta manera también le ayudará a usted a desarrollar el uso de la gratificación aplazada.

La planificación que esbozo a continuación le proporciona una manera de introducir un esquema para lograr el comportamiento que desea. Como verá, se centra mucho en recompensar las conductas adecuadas, en lugar de señalar las inadecuadas. La clave es fomentar el comportamiento que desea y no el que no desea. Puede hacerlo marcando al niño los objetivos que quiere que consiga. Las instrucciones recogidas más adelante le ayudarán a proyectar la planificación y adaptarla a sus propias necesidades. Seguidamente, proporciono un ejemplo de una posible planificación para enseñarle cómo funciona.

- Elabore un cuadro para colgarlo en la pared. Si el niño es lo bastante mayor, es buena idea trabajar juntos haciéndolo.
- Atención: puede comprar estos cuadros en tiendas infantiles, aunque considero que uno casero seguramente resultará más atractivo y divertido.
- Divida el cuadro en columnas, una para cada tipo de conducta positiva.
- En la parte inferior de cada columna, coloque una etiqueta con la conducta deseada.
- Puede utilizar conductas muy específicas que esté intentando fomentar; por ejemplo, «acostarse a las 19 h». También puede recurrir a objetivos más generales, como «vestirse bien» y demás.
- Recuerde que cuanto más atractivo resulte el cuadro desde el punto de vista visual, más posibilidades habrá de que el niño responda a él de forma positiva. Por ejemplo, esto pue-

de suponer utilizar papel o rotuladores de colores para dibujar animales y demás en el cuadro.

- Encuentre algún modo de dejar constancia de cada aparición de una conducta positiva; por ejemplo, puede utilizar una estrella dorada u otro tipo de pegatina.
- Decida cuántas estrellas debe conseguir su hijo antes de recibir una «gran» recompensa. Podría ser ver un rato más la televisión, recibir una pequeña cantidad de dinero para gastos personales o cualquier otra recompensa que le parezca oportuna.
- Atención: para algunos niños, basta simplemente con recibir las estrellas; en otros casos, será preciso trabajar para obtener una recompensa mayor.
- Cuelgue el cuadro en la pared, en una posición destacada, donde pueda referirse a él fácilmente. Puede ser junto a la silla de su hijo o en su habitación.
- Comente el plan con su hijo, dejando claro lo que debe hacer para ganarse las estrellas.
- Por cada conducta positiva, el niño ganará una estrella para el cuadro.
- Cuando consiga un buen comportamiento, es buena idea dejar que el niño coloque él mismo la estrella en el cuadro. Esto contribuirá a sentir que la planificación «le pertenece».
- Como alternativa al cuadro, tal vez prefiera utilizar otro planteamiento; por ejemplo, introducir canicas en un bote.

Planificación de muestra: elogio positivo, castigo positivo

	Vestirse bien	Estar preparado para ir al colegio a tiempo	Hacer los deberes	Comerse toda la comida	Compartir juguetes con su hermana	Lavarse los dientes	Acostarse a la hora	Quedarse en la cama toda la noche
				CONDUCTAS				
NÚMERO DE PEGATINAS								

8

Estudio de casos

Por supuesto, los consejos que doy en este libro sólo resultarán útiles si se pueden poner en práctica en casa. He procurado que las recomendaciones y estrategias que ofrezco sean lo más realistas y prácticas posible recurriendo a mi propia experiencia como profesora y como madre. Sin embargo, puede ser de utilidad disponer de algo más de información específica sobre lo que podría hacer en determinadas situaciones. En este capítulo encontrará algunos ejemplos de problemas a los que puede enfrentarse con su hijo.

Para cada uno de los casos que examino, ofrezco detalles sobre:

- cuál es el problema;
- por qué puede estar ocurriendo;
- qué puede hacer para solucionarlo.

191

Tenga en cuenta que nunca suele haber una única respuesta en lo relativo al comportamiento. Dependerá mucho de factores como el tipo de niño, el estilo de padres, la situación familiar y demás.

A mi juicio, las claves para acertar radican en la capacidad de mostrarse flexible y la buena disposición para ir probando distintas ideas hasta encontrar las que le funcionan. Algunos de los problemas que expongo en estas páginas son relativamente poco importantes y, con un poco de suerte, fáciles de resolver. Otros casos abordan cuestiones más graves y podría ocurrir que necesitara la intervención de profesionales externos para obtener consejos y ayuda.

El niño que quiere llamar la atención

¿CUÁL ES EL PROBLEMA?

- Mal comportamiento de poca importancia y frecuente, concebido para llamar su atención.
- Muy molesto, pero no es un tema realmente grave (aunque puede desarrollarse y llegar a serlo si no se resuelve).
- Algunos ejemplos pueden ser:

   — Tirar juguetes para obligarle a decir: «¡No!».
   — Escaparse en el supermercado para que se vea obligado a perseguirle.

- Muchos lloriqueos cuando no se sale con la suya.
- Mirarle inmediatamente después de haberse comportado mal para comprobar cuál es su reacción, para decir realmente: «Mira lo travieso que soy».

- Se presta una excesiva atención al mal comportamiento; por ejemplo, dándole mucha importancia a conductas de poca entidad, que realmente no lo merecen.
- No se entiende que la atención es una importante recompensa para un niño.
- No se entiende que incluso la desaprobación, los bofetones o los gritos siguen siendo formas de recompensa, porque significa que el progenitor está haciendo caso.
- No se consigue ofrecer suficiente atención cuando el niño hace lo correcto y se hace caso omiso en lugar de dejar clara la aprobación.
- Con el tiempo, el niño capta el mensaje de que, para obtener la recompensa de la atención, debe comportarse mal.
- Esto acaba convirtiéndose en una mala costumbre que deberá perderse.
- Tenga presente que, igual que fue necesario un tiempo para asimilar el mensaje inicial, también exigirá tiempo perder la mala costumbre.
- Atención: si el comportamiento tendente a llamar la atención es extremo y no parece mejorar en un largo período de tiempo, puede tratarse de un problema médico y debe recabarse ayuda.

¿QUÉ PUEDO HACER?

- Intente utilizar una distracción siempre que sea posible, en lugar de centrar toda su atención en las conductas negativas.
- Busque las cosas positivas que hace su hijo; oblíguese a centrarse en ellas al máximo posible.

- Cuando su hijo haga algo bien, ofrézcale muchos elogios verbales y, quizá, también recompensas mayores y más concretas.
- Puede utilizar la planificación descrita en la pág. 189 para reforzar el comportamiento que desea.
- Utilizar ese cuadro también le ayudará a recordar que debe prestar atención a las conductas correctas.
- Esfuércese al máximo por no centrar toda su atención en las malas conductas de poca importancia.
- ¡Tenga presente que usted también está perdiendo una mala costumbre! Podría necesitar algo de tiempo para cambiar su centro de atención.
- Recurra a sanciones únicamente cuando considere que la conducta las merece.
- Utilice la «táctica de ignorar» (véanse las págs. 168-169 para más detalles).
- Recuerde que será necesario mantener un tiempo estos planteamientos antes de esperar ver algún resultado.
- Sobre todo, no tire la toalla si estas estrategias no funcionan de inmediato; deles tiempo y verá la diferencia.

El niño que no puede concentrarse

¿CUÁL ES EL PROBLEMA?

- Incapacidad de concentrarse en una sola actividad.
- Incapaz de estar sentado quieto durante períodos largos sin dar la lata.
- Juega con un juguete unos segundos, luego lo aparta y pasa a otra cosa.
- Le cuesta prestar atención a lo que dicen los demás, ya sean padres, otros adultos o niños.

- También puede combinarse con un desarrollo generalmente más lento; por ejemplo, en lectura o destreza manual.

¿Por qué está ocurriendo?

- Puede ser que al niño no se le haya «enseñado» a concentrarse o no se haya pretendido que se concentre durante largos períodos de tiempo.
- Tal vez se le hayan dado demasiados juguetes de una vez, sin que se le haya enseñado a jugar con nada concreto.
- Uso excesivo de la televisión o los videojuegos: pueden estimular en exceso a un niño, de tal manera que necesita unos niveles de estimulación similares para mantener la atención.
- La edad influye: se irá desarrollando una mejor concentración a medida que el niño vaya creciendo.
- Los aditivos o sustancias diversas que contienen las comidas y las bebidas también pueden causar problemas de concentración.

¿Qué puedo hacer?

- Limite el acceso de su hijo a la televisión y los videojuegos: haga de ellos una recompensa y no un derecho.
- Consiga que su hijo se entretenga con juegos que propicien amplios períodos de concentración; como, por ejemplo, juegos de cartas o el Conecta-4.
- Si tiene más de un hijo, puede animarles a entretenerse juntos con estos juegos, tal vez pidiendo al mayor que ayude al pequeño.

- Enseñe a su hijo algunos ejercicios que exijan concentración, como aritmética mental o deletrear mentalmente su nombre al revés.
- Fomente actividades tranquilas y silenciosas, que exijan concentración y que obliguen a su hijo a estarse quieto.
- Marque objetivos asociados con el tiempo; por ejemplo, diez minutos concentrado haciendo los deberes y, después, recompense a su hijo cuando mantenga la concentración durante ese período de tiempo.
- Lea libros con su hijo: esta actividad no sólo desarrollará la concentración del niño, sino que también desempeña un papel fundamental para que aprenda a leer y escribir bien. Además, les proporciona una estupenda oportunidad de entablar vínculos afectivos mutuos. Una vez más, si tiene hijos mayores, puede pedirles que asuman esta tarea adulta por usted, para propiciar que se estrechen los lazos afectivos entre los hermanos.

El niño destructivo

¿CUÁL ES EL PROBLEMA?

- Comportamiento destructivo con sus pertenencias, como romper libros o lanzar juguetes.
- Comportamiento destructivo con las pertenencias de los adultos; por ejemplo, intentar introducir objetos por la ranura del vídeo.
- «Destrozar» cosas en casa, como por ejemplo hacer garabatos en las paredes o estropear los muebles.
- Poner patas arriba la habitación sin que exista un motivo aparente.

196

¿POR QUÉ ESTÁ OCURRIENDO?

- Determinadas conductas destructivas constituyen una parte totalmente natural del crecimiento, aunque deberían disminuir a medida que su hijo vaya creciendo.
- Ver cómo se desmontan o se manipulan las cosas contribuye a que su hijo aprenda cosas del mundo.
- En determinadas circunstancias, podemos permitir un comportamiento destructivo; por ejemplo, derribar torres construidas con piezas de juguete o rasgar papel.
- En algunas situaciones no permitiremos ese comportamiento; por ejemplo, cuando el objeto sea caro o frágil.
- Desde el primer momento, el niño aprende de sus padres lo que está permitido y lo que no lo está.
- Si las señales transmitidas no son claras, o las expectativas no son coherentes, es muy probable que se produzcan confusiones y el niño ponga a prueba los límites.
- No se le ha enseñado desde el primer momento a respetar sus pertenencias y su entorno.
- Parece que algunos niños, por naturaleza, poseen personalidades más destructivas que otros.

¿QUÉ PUEDO HACER?

- Trate de establecer unas expectativas muy claras desde el principio con respecto a lo que está permitido y lo que no lo está.
- Si ha tolerado esos comportamientos en el pasado, tómese tiempo para explicar por qué ahora va a ponerles freno.
- Mantenga la claridad y la coherencia en las expectativas: reaccione siempre del mismo modo ante las mismas conductas destructivas.

- Utilice planteamientos positivos tan a menudo como sea posible, dando mucha importancia a que su hijo manifieste conductas constructivas.
- Por ejemplo, puede elogiar a su hijo cuando le ayude a limpiar o cuando ordene su habitación.
- Tratar de distraer a su hijo para que ponga fin a los actos destructivos ofreciéndole una alternativa positiva.
- Aplicar sanciones con claridad y firmeza cuando llegue a producirse la conducta destructiva.
- Si su hijo parece tener una personalidad destructiva por naturaleza, puede permitirle que la exprese dándole papel u otras cosas de poca importancia para romperlas.
- Organizar algunas actividades de aprendizaje destructivas para dos hermanos. Un ejemplo podría ser hacerles construir robots como los de la televisión y entablar una «guerra» entre los dos.
- Quitar de en medio la tentación para que la vida del adulto resulte más fácil.

El niño muy problemático

¿CUÁL ES EL PROBLEMA?

- Ejemplos extremos de mal comportamiento, como abusos y agresiones físicas o verbales, dirigidos a padres, hermanos u otras personas externas a la familia.
- Rabietas que no parecen disminuir con la edad ni responden a las técnicas esbozadas en este libro.
- Un niño que no parece capaz de controlar sus impulsos.
- Un niño que se pone nervioso o se enfada por cosas poco importantes.

- Mal comportamiento grave fuera del hogar; por ejemplo, cuando empieza el colegio.

¿POR QUÉ ESTÁ OCURRIENDO?

- Falta de límites y expectativas claras desde un principio.
- Confusión sobre qué es mal comportamiento y cuáles serán las consecuencias de portarse mal.
- Ejemplo extremo de comportamiento tendente a llamar la atención del padre.
- Recurso mucho más frecuente a planteamientos negativos en lugar de positivos.
- Empleo de planteamientos agresivos por parte del progenitor, en lugar de una actitud tranquila y considerada.
- Falta de flexibilidad en el estilo de padres; considerar el comportamiento como un escenario donde «ganar o perder» y, por lo tanto, subir la apuesta.
- Sumirse en un estado de ánimo negativo, donde el padre empieza a esperar el mal comportamiento e, inmediatamente, se pone a la defensiva cuando éste se produce.
- Puede existir una razón externa que explique esta conducta; por ejemplo, si hay problemas en la relación que mantienen los padres, esto puede propiciar, a veces, que los niños «den guerra» de forma grave.
- En ocasiones, este tipo de conducta puede ser indicio de un problema de comportamiento específico que podría tener causas médicas.

- Asegúrese de que el problema se resuelva lo antes posible.
- Este tipo de conducta puede causar todo tipo de problemas cuando el niño empiece el colegio y deba comprender por sí mismo cómo cumplir las reglas.
- Sobre todo, procure centrarse en lo positivo. Lea este libro de principio a fin y trate de poner en práctica el mayor número posible de estrategias.
- Cuando su hijo pierda el control, tómese un momento para distanciarse de la situación antes de enfrentarse a ella.
- Adopte un enfoque sereno y controlado: no permita nunca que el mal comportamiento le ponga nervioso, ya que esto propiciará que se repita.
- No espere resultados inmediatos: las malas costumbres enseguida arraigan y se requiere tiempo para que las buenas costumbres las sustituyan.
- No se culpe, todos cometemos errores; lo importante es esforzarse por arreglar la situación.
- Si está preocupado, acuda a profesionales para someter a su hijo a un chequeo: podría tener alguna necesidad específica que todavía no se hubiera detectado, como una alteración hiperactiva por déficit de atención.
- No trate de resolver solo la situación: recabe ayuda en centros de asesoramiento o, sencillamente, hable con otros padres que estén pasando por lo mismo que usted.

Rivalidad entre hermanos

¿CUÁL ES EL PROBLEMA?

- Mala relación entre hermanos.
- Ataques mutuos de tipo físico o verbal: arañazos, mordiscos, discusiones y demás.
- Negativa a cooperar; por ejemplo, compartiendo juguetes o jugando juntos.
- Provocarse mutuamente en cualquier ocasión, sobre todo cuando a los padres les resulta difícil intervenir, como, por ejemplo, dentro del coche o cuando salen de compras.

¿POR QUÉ ESTÁ OCURRIENDO?

- Algunos roces son completamente naturales y normales.
- Los niños con distintas personalidades pueden fastidiarse mutuamente.
- El niño mayor puede sufrir celos cuando le arrebatan su estatus de «bebé».
- Podría ser que los padres hubieran prestado mayor atención al nuevo hijo, posiblemente sin darse cuenta de lo que están haciendo.
- Al niño mayor le resulta difícil superar esta situación: su reacción natural es culpar al bebé por acaparar la atención de sus padres.
- En consecuencia, decide llamar la atención portándose mal o descargar su frustración en su hermano pequeño.

- Antes de que llegue el nuevo hermano, comente con su hijo lo que va a suceder. Obviamente, para que sirva de algo, debe tener una edad suficiente para entenderlo.
- Lean juntos algunos libros sobre hermanos y hermanas.
- Céntrese en los aspectos positivos que conlleva el nacimiento del nuevo hermano: consiga que parezca que está a punto de ocurrir un desafío emocionante.
- Salga con el hijo mayor a comprar un regalo para el bebé y compre un regalo al hijo mayor para que el bebé se lo «dé».
- Cuando lleve al bebé a casa, asegúrese de prestar también tanta atención como sea posible a su hijo mayor (¡y sí, sé perfectamente lo cansada o cansado que estará!).
- Pase tanto tiempo de calidad con cada hijo individualmente como sea posible.
- No permita que, cuando juegue con uno de los niños, le distraiga el otro portándose mal o reclamando su atención.
- Consiga que llevarse bien sea un reto al que sus hijos puedan aspirar.
- Trate al niño mayor como a un «adulto» y anímele a cuidar al pequeño o echar una mano con él.
- No entre en discusiones sobre quién hizo qué. Marque los límites y manténgase firme con respecto a lo que quiere.
- No espere milagros: acepte que, en ocasiones, los niños, sencillamente, no se llevan bien.
- Tal vez uno de los niños se parece a la madre en la personalidad, mientras que el otro se parece al padre. Podría ocurrir, simplemente, que los dos tipos distintos de personalidad no combinen bien.

9

Comportamiento y colegio

En este capítulo abordo el comportamiento de su hijo lejos del hogar. Esta parte del libro se centra, principalmente, en los años de formación académica que pasa su hijo en el colegio. Sin embargo, gran parte de los consejos que proporciono también serán de utilidad para aquellos padres que han vuelto al trabajo y cuyos niños van a la guardería o quedan a cargo de un cuidador a una edad muy temprana.

Los niños pasan la primera parte de sus vidas principalmente en casa, ya sea los primeros meses o los primeros años. Durante esta etapa, los progenitores del niño cubren todas sus necesidades. Le cuidan, asumen responsabilidades por él, se aseguran de que sepa cómo se supone que debe comportarse. Pero llega el día de empezar el colegio (o la guardería/o quedarse con una niñera), de enfrentarse solo a la vida. Ha llegado el momento en el que deberá empezar a asumir, por lo menos, algo de responsabilidad por su propio comportamiento, junto con los demás adultos que ayudan a cuidarle.

Por supuesto el nivel de responsabilidad personal por el comportamiento dependerá, evidentemente, de la edad del niño, pero cuando llega el momento de empezar el colegio, casi todos los niños son capaces de mostrarse razonablemente independientes en este ámbito.

Me gustaría empezar este capítulo asegurándole que, por lo general, la mayoría de los niños se porta bien en el colegio. Esto es especialmente válido cuando el colegio está bien dirigido y cuando se ponen en práctica los planteamientos que he esbozado en este libro como método para controlar el comportamiento, tanto por parte de los padres como por parte del colegio. Sin embargo, habrá algunas situaciones donde el mal comportamiento sí llegue a constituir un problema; por ejemplo, cuando el comportamiento no se controle bien en el colegio o cuando un niño no tenga asimiladas las estrategias para asumir la responsabilidad por su propio comportamiento.

Pueden hacerse muchas cosas para ayudar a preparar a su hijo para el momento de empezar el colegio. Si puede poner en práctica las estrategias e ideas de este libro desde el primer momento, se asegurará de que su hijo disponga de una base oportuna que le permita saber cómo comportarse adecuadamente.

En este capítulo encontrará algunas ideas más específicas para influir de un modo claramente positivo en el comportamiento de su hijo durante su estancia en el colegio. Asimismo, examino qué puede hacer en caso de que las cosas vayan mal.

Comunicación casa/colegio

Sea consciente de que puede abordar al profesor de su hijo o dirigirse al colegio (o la guardería/la niñera) si se siente preocupado por algo. Puedo prometerle que el colegio desea de veras que se implique en la educación de su hijo. Mantener abiertos los canales de comunicación entre la casa y el colegio desempeña un papel fundamental a la hora de asegurar que su hijo rinda al máximo en el colegio, sobre todo en lo que respecta a su comportamiento.

Si el profesor de su hijo tiene que decirle que éste se ha portado mal, no se ponga a la defensiva. Estará tratando de hacer lo mejor para su hijo y esto incluye enfrentarse de forma directa a cualquier problema que pueda surgir. Puede comunicarse con el colegio de su hijo de varias maneras; en el apartado siguiente enumero algunas.

Formas de contacto

Una de las maneras más importantes de asegurarse de que su hijo se porte bien es mantener un contacto regular con el colegio. La división física entre casa y el colegio puede implicar que los niños piensen que pueden «salirse con la suya» en cuestiones de comportamiento sin que los padres lo sepan. Si su hijo ve que sabe lo que ha ocurrido durante la jornada escolar, es menos probable que abuse de su confianza. También pueden proporcionarle información sobre distintas maneras de apoyar al profesor; por ejemplo, trabajar juntos para marcar objetivos de comportamiento a su hijo.

Hay varias maneras distintas de mantener el contacto con el colegio de su hijo, como por ejemplo:

- *En persona.* Algunos colegios fomentan que los padres hablen con el profesor de sus hijos al principio o al final de la jornada escolar. Cuando su hijo vaya al colegio por primera vez, es evidente que querrá entrar con él para dejarlo en clase. También puede charlar unos momentos con el profesor para comentar qué tal le va al niño. Sin embargo, tenga presente que los profesores son personas muy ocupadas que tienen bajo su responsabilidad a una clase de niños al completo y debe entender que el colegio de su hijo prefiera que solicite una entrevista formal para comentar las preocupaciones que pueda tener.
- *Por teléfono.* Si no le importa que le telefoneen del colegio, diga al profesor que puede ponerse en contacto con usted siempre que lo necesite. A menudo, la sugerencia de que el profesor puede telefonear a casa basta para garantizar un buen comportamiento. Si el niño sabe que el profesor está dispuesto a ponerse en contacto con los padres, habrá menos posibilidades de que crea que puede salir impune si se porta mal.
- *Mediante la agenda.* En la actualidad, muchos colegios utilizan un sistema de agendas donde cada niño tiene una y los profesores pueden escribir notas para casa. Si es el caso de su hijo, revise su agenda en cuanto empiece el colegio. Averigüe dónde se anotan las recompensas como los puntos positivos y deje claro a su hijo que buscará esos signos. Asimismo, compruebe dónde se deja constancia de castigos y otras sanciones en caso de portarse mal.
- *Mediante informes.* Alrededor de una vez por trimestre, su hijo recibirá un informe detallado sobre su evolución en el colegio. Este informe le comunicará sus progresos en el aprendizaje, pero también será el lugar donde el profesor indique cualquier problema de conducta. Si detecta los pri-

meros indicios de problemas como, por ejemplo, un comentario del tipo: «A su hijo le cuesta mucho mantener la concentración», póngase en contacto con el profesor para analizar la situación más a fondo.

- *En reuniones de padres.* La reunión de padres ofrece un marco formal donde comentar los progresos de su hijo. En ocasiones, estas reuniones tienen lugar por la tarde, después de clase; otras veces, están programadas durante la jornada escolar. Es una magnífica idea asistir a estas reuniones, preferiblemente acompañado de su hijo. En realidad, hablando como profesora, mi experiencia me dice que los padres que asisten son los que realmente se preocupan por la educación de sus hijos y éstos suelen comportarse mejor. No tenga miedo de plantear muchas preguntas: si alberga alguna preocupación por el comportamiento de su hijo, la reunión de padres es un buen momento para preguntar. También podría fijar algunos objetivos con su hijo y el profesor para tener algo específico a lo que aspirar.

- *Implicarse.* Por descontado, una de las mejores maneras de asegurar una buena comunicación entre casa y el colegio es implicarse en el colegio del niño. Esto puede concretarse en ofrecer su ayuda en clase (la de su hijo u otra), tal vez para leer con algún niño. En función de sus habilidades, puede ofrecerse a dirigir un club extraescolar, como por ejemplo, un club de informática o de fútbol. Puede incorporarse al consejo escolar o a la asociación de padres (APA) del centro. Estar «ahí» significará que pueda «estar al tanto» por si surgiera algún indicio de problemas.

Cómo se controla el comportamiento en los colegios

Los colegios se enfrentan a todo el abanico posible de conductas: desde niños que se comportan perfectamente y tienen una gran motivación hasta los que traen consigo problemas de conducta muy graves. Los colegios se marcan el objetivo de controlar el comportamiento de varias maneras. Antes que nada, los profesores utilizarán las ideas que he esbozado en este libro. Pretenderán alimentar unas expectativas altas y fijar unos límites claros, para adoptar planteamientos positivos como el uso de recompensas cuando sea posible, y también aplicar sanciones cuando sea necesario.

Los colegios también adoptan enfoques más formalizados para controlar el comportamiento y algunos de ellos aparecen recogidos más adelante. Es estupendo que los padres comprendan lo que ocurre en los colegios con las cuestiones relativas al control del comportamiento para que puedan prestar apoyo a la labor que está desempeñando el profesor con su hijo.

POLÍTICAS ESCOLARES GENERALES

En la actualidad, la mayor parte de los colegios cuenta con lo que se denomina una «política escolar general sobre conducta». Es un documento que plasma por escrito lo que el colegio desea de su hijo en lo relativo al comportamiento. Muchos colegios envían a los padres una copia resumida de este documento, tal vez en forma de «normativa escolar».

Merece la pena realmente conocer la política escolar sobre conducta que se emplea en el colegio de su hijo. Si la conoce, puede apoyar la labor que está desempeñando el colegio. Por ejemplo, si su hijo llega a casa quejándose por haber recibido una sanción, puede comentar el mal comportamiento, por qué infringía las reglas del colegio y cuál fue el castigo. Mirando el lado positivo, la política escolar sobre comportamiento detallará las recompensas que pueden recibirse, y usted también puede marcar objetivos a su hijo para que se gane esas recompensas.

CONTRATOS ENTRE LA FAMILIA Y EL COLEGIO

Los colegios siempre están interesados en que los padres se impliquen, sobre todo en las cuestiones relativas al comportamiento. Cuando los padres trabajan bien con nosotros, los profesores, resulta inevitable que esto tenga consecuencias positivas en la conducta del niño. Los contratos entre la familia y el colegio constituyen una estupenda manera de formalizar esta colaboración. El colegio redacta un contrato donde esboza cómo se supone que debe comportarse el niño, y los padres (y, posiblemente, también el niño) lo firman para dejar constancia de que aceptan seguir esas normas.

RECOMPENSAS Y SANCIONES

El colegio de su hijo se centrará, principalmente, en el uso de recompensas, sobre todo con los niños más pequeños. El objetivo es fomentar la buena conducta utilizando refuerzos positivos: sorprender al niño portándose bien y asegurarse de que recibe una recompensa. Entre las típicas recompensas escolares se incluyen:

- elogios verbales;
- estrellas y pegatinas;
- méritos y distinciones;

- cartas o llamadas telefónicas a casa;
- recompensas materiales, como chucherías.

En ocasiones, los profesores de su hijo se verán obligados a recurrir a las sanciones. Por ejemplo, cuando se enfrenten a malas conductas graves o, simplemente, a un mal comportamiento continuado, aunque de poca importancia, que no responda al uso de recompensas. El objetivo del profesor siempre será empezar en el nivel de sanción más bajo, en lugar de pasar directamente a un castigo más intenso. Las típicas sanciones escolares pueden ser las siguientes:

- reprimendas verbales;
- una mirada «asesina»;
- pérdida de privilegios;
- castigos después de clase;
- otras medidas disciplinarias;
- cartas o llamadas telefónicas a casa.

NECESIDADES ESPECIALES

Algunos niños tienen problemas más graves en el colegio, ya sean de aprendizaje o de comportamiento. Cuando ocurre esto, los profesores se refieren al niño como «un alumno con necesidades educativas especiales». Algunos niños nacen con estas necesidades: por ejemplo, un niño disléxico o con síndrome de Down. En otros casos, la educación del niño puede haber propiciado las necesidades especiales, tal vez favoreciendo algunos de los problemas de conducta con los que nos topamos.

Si creen que su hijo podría tener necesidades especiales, el colegio se pondrá en contacto con usted para comentar lo que está ocurriendo. Cuando las necesidades especiales sean muy elevadas, es posible que se le entregue al niño un «informe» donde se detallen dichas necesidades y qué se va a hacer al respecto.

Algunos de los términos con los que puede encontrarse que están relacionados específicamente con problemas de conducta son:

- *Trastorno emocional y del comportamiento.*
- *Trastorno por déficit de atención (TDA).*
- *Trastorno por déficit de atención con hiperactividad (TDAH).*

Escoger una guardería o un colegio

Aunque, en teoría, se supone que los padres pueden escoger el colegio al que van sus hijos, en realidad no suele suceder así. Los «mejores» colegios suelen tener excesivas solicitudes de matriculación y reciben muchas más solicitudes que plazas pueden ofrecer. Cuando se paga por llevar al niño a la guardería, es obvio que los padres tienen un mayor margen de elección, aunque, una vez más, muchas de las guarderías no dispondrán de plazas. Si tiene la suerte de poder elegir la guardería o el colegio, busque los siguientes «indicios positivos» para ayudarle a encontrar el mejor entorno para su hijo:

- *Personal.* Céntrese, por encima de todo, en el bienestar y la felicidad del niño; muchas sonrisas y rostros cordiales; expectativas claras de conductas positivas; buena disposición para pasar tiempo hablando con los padres sobre cualquier pregunta o preocupación.
- *Alumnos.* Parecen felices y satisfechos; educados y atentos con los adultos y otros niños; parecen implicados e interesados en el aprendizaje.

- *Entorno*. Exposiciones de trabajos manuales llenas de colorido y bien conservadas; clases ordenadas y bien organizadas, sin indicios de vandalismo; en una guardería, zona para que los niños puedan dormir la siesta.
- *Posibilidades educativas*. Muchas zonas distintas para aprender; buen equilibrio entre actividades teóricas (lectura y escritura, aritmética básica) y oportunidades de desarrollar actividades más creativas (arte, música); posibilidades de aprender por medio de juegos (agua, arena, etcétera); actividades al aire libre; muchos clubes y actos extraescolares.
- *Comunicación con los padres*. Buenos sistemas para mantener el contacto con los padres; buena disposición a que los padres planteen cualquier problema; métodos de información de buena calidad.
- *Descansos*. Servicio de comedor de buena calidad; zona para comer limpia y bien organizada; acceso a espacios al aire libre para jugar: recreos bien vigilados por los profesores.

Preparación para la educación primaria

Empezar la educación primaria puede suponer una experiencia sumamente estresante para nuestros hijos (¡y también para sus pobres padres!). Esto es especialmente válido para el niño que, con anterioridad, no ha pasado mucho tiempo fuera de casa. Puede ser que a los niños que hayan ido a la guardería les resulte más fácil, pero, aun así, puede surgir alguna que otra dificultad. Tenga presente que el colegio es un entorno más formal que una guardería, que habrá un mayor número de niños en la case de su hijo y que todos exigen algo de atención por parte del profesor.

Como profesora y como madre, espero poder darle algunos consejos prácticos de mucha utilidad, que le ayudarán a preparar a su hijo para la educación primaria (y, además, le granjearán las simpatías del nuevo profesor de su hijo). Ayudará mucho a su hijo y al profesor que el niño posea algún conocimiento o habilidad en los siguientes ámbitos:

- *Arreglo personal.* ¡A ningún profesor le gusta tener una clase entera de niños que no saben hacer solos las cosas más básicas! Asegúrese de que su hijo sabe vestirse y, a ser posible, atarse los cordones de los zapatos. Si esto todavía le resulta demasiado difícil, compruebe que lleva zapatos sin cordones. Para el niño en edad de ir a la guardería, supervisar el arreglo personal puede significar, sencillamente, comprobar que ha incluido una muda en la mochila por si ocurriera algún accidente o se pusiera hecho un desastre.
- *Higiene personal.* Hacia los cinco años de edad, se espera que casi todos los niños sepan ir solos al cuarto de baño. Compruebe que su hijo sabe que debe pedirlo si lo necesita y no esperarse hasta que sea demasiado tarde y se produzca un accidente.
- *Efectos personales.* Muchos problemas de conducta en el colegio se producen por cuestiones relacionadas con los efectos personales. Si manda al niño al colegio con un juguete o un teléfono móvil muy costoso, no debe sorprenderle que esto cause problemas. Consiga que los efectos personales de su hijo sean los mínimos y céntrese en el material que necesita para aprender. Igualmente, las guarderías suelen pedir a los niños que no traigan juguetes de casa (aunque puede ser una excepción algún juguete que les sirva de «consuelo», como un peluche). Al actuar así, la guardería simplemente está limitándose a evitar problemas de objetos perdidos.
- *Comunicación.* Asegúrese de que su hijo sepa comunicarse con el profesor cuando quiera algo. A algunos niños les da

miedo el profesor; puede mejorar la situación explicándole que el profesor sólo quiere lo mejor para él. También puede ayudar a su hijo explicándole que el profesor quizás esté ocupado y no le es posible ocuparse de él inmediatamente.

- *Interacción.* Es importante que el niño sea capaz de interactuar bien con otros niños. A los cuatro o cinco años de edad, debería haber aprendido a jugar colaborando con otros niños, a compartir y demás. Si no puede llevarse bien con otros niños sin peleas, quizá tenga problemas cuando empiece el colegio. Para los niños más pequeños, que tal vez no hayan adquirido todavía estas habilidades sociales, la guardería constituye un magnífico entorno para empezar a aprender a compartir.

- *Habilidades sociales.* El niño también necesita saber cómo hacer amigos. Con suerte, algunos de sus amigos también irán al mismo colegio y esto facilitará la adaptación a la situación de forma natural. Sin embargo, usted no estará ahí para ayudarle a desarrollar la socialización. Siente las bases asegurándose de que aprenda a tratar a la gente desde una edad temprana y de que posea un buen sentido de la empatía con los demás.

- *Entiende cuáles son los límites.* Si educa a su hijo con una idea clara de lo que son los límites y por qué debe respetarlos, no le costará nada seguir las «normas escolares».

- *Entiende el uso de recompensas y sanciones.* Si ya ha estado utilizando recompensas y sanciones con su hijo en casa, no le resultará demasiado confuso cuando empiece el colegio. Hay varias recompensas y sanciones que se utilizan habitualmente en los colegios. Asegúrese de que sabe cuáles son y por qué se conceden o se imponen, para poder estar pendiente de los progresos de su hijo tanto en lo referente al comportamiento como al aprendizaje.

Problemas en la educación primaria

Los colegios son lugares llenos de ajetreo. En ocasiones, puede necesitar ser un padre un poco «avasallador» para sacar lo mejor de su hijo. Si sospecha que su hijo está teniendo problemas que no se están resolviendo adecuadamente, no dude en ponerse en contacto con el colegio e insistir en que tomen alguna medida. Esto puede implicar reunirse con el profesor de su hijo y, tal vez, con el director del colegio para resolver la cuestión.

Por otra parte, es preciso aceptar que su hijo, con el tiempo, necesitará aprender a defenderse solo. Procure intervenir sólo cuando parezca que el problema no va a solucionarse sin su ayuda o cuando el tema parezca particularmente grave. Más adelante encontrará algunos consejos prácticos sobre qué hacer en determinadas situaciones con las que puede toparse cuando su hijo empiece el colegio.

ACOSO ESCOLAR

Es inevitable que, cuando se reúnen grupos numerosos de niños en un entorno cerrado, se produzcan algunos casos de acoso escolar. Con frecuencia, el acoso está relacionado con celos: un niño que trabaja y se porta bien y recibe muchos elogios puede enfrentarse a reacciones celosas de sus compañeros. La mayoría de los colegios sigue unas directrices muy claras ante el acoso escolar y las medidas que deben tomarse para resolver el problema. El acoso escolar adopta muchas formas, desde el nivel más bajo de insultos hasta problemas mucho más graves como ataques físicos.

Algunos niños enseguida recurren a los adultos cuando creen que se están metiendo con ellos, mientras que otros silencian el problema por miedo a empeorar la situación. Como padre o madre, deberá decidir cuándo su intervención contribuirá a mejorar las cosas y cuándo lo único que hará será empeorar la situación. Obviamente, si el problema es grave y considera que el colegio no se está ocupando de resolverlo, deberá intervenir para que se solucione.

Cuando llegue el momento de hacerlo, puede dirigirse al director o, incluso, al órgano rector del colegio para plantear sus preocupaciones.

Recojo, a continuación, algunos consejos que le ayudarán a enfrentarse con el problema del acoso escolar; son recomendaciones prácticas que puede dar a su hijo y que también le servirán para ver qué puede hacer usted.

- *Esté pendiente de los «síntomas».* En ocasiones, un niño puede estar demasiado asustado como para decir que está sufriendo acoso escolar. Vigile a su hijo y comente con regularidad lo que sucede en el colegio. Si nota que se está volviendo retraído o que parece asustarle ir al colegio, podría ser que estuviera sufriendo algún tipo de acoso.

- *¿Simplemente no hacer caso?* Si el problema es de poca importancia, como, por ejemplo, insultos, puede aconsejar a su hijo que no haga caso a los acosadores. Muchos pretenden poner nerviosas a las víctimas, obtener algún tipo de respuesta. Si su hijo puede aprender, sencillamente, a estar por encima de ellos y no darles el refuerzo o la reacción que están buscando, cabe esperar que los acosadores depongan su actitud espontáneamente.

- *No se lo guarden sin hablarlo con nadie.* Si su hijo se ve afectado por un acoso más grave, anímele a que se lo cuente al profesor o póngase en contacto con el colegio usted mismo si está preocupado. El colegio debería tener algún tipo de protocolo de actuación para enfrentarse a casos de acoso. El problema que supone implicar a la «autoridad» es que el acoso puede empeorar en lugar de solucionarse, porque aumenta lo que está en juego en ambos bandos. Deberá andarse con pies de plomo, aunque, por supuesto, no tema intervenir cuando sea necesario.

- *Acceso a programas específicos para combatir el acoso escolar.* Pregunte en el colegio si disponen de algún tipo de programa para combatir el acoso. Puede consistir en el recurso a «mentores», niños que median entre las dos partes para intentar resolver sus diferencias. Estos programas con un grupo de iguales funcionan bien porque propician que los niños resuelvan por sí solos cualquier problema. Si su colegio no dispone de ningún programa en funcionamiento, ¿por qué no sugerir que se instaure uno?

- *No sólo en clase.* Con frecuencia, el acoso se produce en el recreo o tal vez de camino a casa o al colegio, donde hay menos posibilidades de que los adultos intervengan. Asegúrese de que su hijo sabe a quién debe acudir: en el recreo habrá algún supervisor que podrá vigilarle.

- *Trate de ver las dos versiones.* Todas las situaciones siempre tienen dos versiones. Aunque resulte tentador, como padres, ponerse inmediatamente del lado de su hijo, intervenir y tratar de ayudar, merece la pena tomarse tiempo para averiguar qué está sucediendo realmente. ¿Pudiera ser que su hijo estuviera provocando de alguna manera a los demás niños y que éstos, simplemente, estuvieran respondiendo, en lugar de estar acosándole? Si cree que son acosadores de verdad, sigue mereciendo la pena ver las cosas desde su punto de vista, aunque esto sólo signifique tenerles lástima porque no les han educado de forma adecuada ni han tenido unos padres buenos de los que aprender cómo comportarse.

Los profesores son humanos y, a veces, se enfrentará a una situación en la que, simplemente, el niño no se lleva bien con el profesor, y quizás a la inversa. En la educación primaria, donde su hijo tendrá el mismo profesor todo el curso, es un problema que requiere solución. Su hijo puede llegar a casa quejándose de que «odia» a su profesor o de que su profesor se mete con él. Algunas recomendaciones prácticas le ayudarán a saber qué hacer en estos casos:

- *Escúchele.* Busque tiempo para escuchar las quejas de su hijo. En ocasiones, lo único que necesita el niño es que se le escuche con comprensión o que se le ofrezca el hombro para llorar. Podría suceder que, cuando haya compartido con usted sus preocupaciones y haya sacado a la luz el problema, parezca menos importante de lo que habría imaginado en un principio.

- *Razone con él.* Cuando le haya permitido «sacarlo» todo, es el momento idóneo de explorar la situación de una manera racional.

   De hecho, si pregunta a su hijo qué ha sucedido, posiblemente se dará cuenta de que, en realidad, lo único que hizo el profesor fue sancionar una mala conducta de un modo perfectamente justificado. De ser así, puede comentar con su hijo por qué su conducta no fue la adecuada y por qué mereció las sanciones.

- *Apoye al profesor.* Aunque sé que es difícil, generalmente aconsejaría no ponerse de parte del niño en este tipo de situaciones. Aunque comparta hasta cierto punto su opinión, no le estará haciendo ningún favor si socava la autoridad del profesor. Suele ocurrir que, cuando un niño acusa a un profesor de meterse con él, es porque, en realidad, lo único que está haciendo el profesor es imponer su criterio. Tenga presente que es muy poco frecuente que los niños puedan cambiar de clases y profesores; muchos centros de educación primaria sólo tienen una clase para cada curso.

- *Acepte que el profesor es humano.* ¡A veces, hasta nosotros, los profesores, cometemos errores! Podría suceder que, en el bullicio de una situación de clase, el profesor sí haya sido injusto con su hijo. Es inevitable que los profesores, en ocasiones, malinterpreten cosas, aunque, con suerte, no ocurre demasiadas veces. Pese a que al niño afectado le pueda parecer una terrible injusticia, en realidad forma parte de la vida escolar.

- *Aprenda a vivir con ello.* El niño deberá aprender a vivir con situaciones que no son del todo justas. Es una realidad de la vida que todos debemos acabar aceptando con el tiempo. Al ayudar a su hijo a comprender esto, le estará ayudando a enfrentarse al problema con madurez.

- *Si es preciso, hable con el profesor o lleve el problema a instancias más altas.* Si considera que los consejos anteriores no pueden aplicarse a la situación particular de su hijo, ¿por qué no ponerse en contacto con el profesor y comentar el tema? Es posible que el profesor no sea consciente de los sentimientos de su hijo y una breve conversación podría ser lo único necesario para que se arreglaran las cosas. Otra posibilidad es que, si considera que el tema ha ido más allá de una simple charla con el profesor de la clase, tiene todo el derecho a ponerse en contacto con otro profesor que ostente un cargo de mayor responsabilidad en el colegio de su hijo. Pregunte si existe la posibilidad de entrevistarse con el director o el jefe de estudios para comentarle sus preocupaciones.

Preparación para la educación secundaria

Aunque este libro contempla principalmente la franja de edad comprendida entre los cero y los once años, antes por tanto de que su hijo llegue a la educación secundaria, los consejos que proporciono pueden aplicarse, sin duda alguna, a niños de todas las edades. Cuando llegue el momento de prepararse para la educación secundaria, es de esperar que los sucintos consejos que ofrezco seguidamente le ayuden a preparar a su hijo para dar este paso.

- *Comprenda que es un cambio muy grande.* Merece la pena ser consciente del gran cambio que supone el paso a la educación secundaria para su hijo. Pasará de tener un profesor para la mayoría de las clases a tener uno distinto para cada materia. Posiblemente, también pasará de un colegio relativamente pequeño, con pocos niños, a un colegio más grande, a lo mejor con más de mil alumnos.
- *Ayúdele con las cuestiones prácticas.* Existen varias maneras prácticas de ayudar a su hijo durante las primeras semanas de colegio. Moverse bien en esos ámbitos propicia que su hijo pueda concentrarse en asentarse y hacer su trabajo, en lugar de preocuparse por dónde debería estar o qué necesitará. En estas cuestiones prácticas se incluye ayudarle a:

   — preparar el material y la mochila, y dejarlos listos para el día siguiente;
   — terminar los deberes;
   — entender su horario y establecer qué asignaturas tiene cada día;
   — ver por qué los profesores utilizan sanciones, como castigos, para determinadas conductas;

— aprender a no perderse en el colegio; por ejemplo, pueden repasar juntos el mapa del colegio e identificar las aulas más importantes.

• *Comprenda la función de su tutor.* Cuando estaba en primaria, el profesor que tenía su hijo supervisaba tanto su aprendizaje como su bienestar general. En secundaria, el tutor es el responsable de velar por el bienestar de su hijo. Esto significa que puede ocuparse de cualquier cuestión que no esté relacionada específicamente con las clases y el aprendizaje; puede encargarse, por ejemplo, de ayudar a adaptarse a los alumnos de primer curso de secundaria, comentar con ellos cualquier preocupación que puedan tener, etcétera. El tutor es la primera persona a la que debe acudir el niño, y usted, si las cosas no funcionan como sería deseable.

10

Cuando las cosas se ponen difíciles

La mayor parte de los problemas de conducta en la infancia acaban resolviéndose solos con el tiempo. Hay muy pocos adolescentes de dieciséis años a los que les entren rabietas cuando se ponen hechos una furia, como hacen los niños pequeños (¡aunque tal vez los padres de adolescentes alterados por las hormonas no estén de acuerdo con esta afirmación!). Si pone en práctica las ideas y estrategias que he esbozado en el libro, cabe esperar que sea capaz de resolver la mayor parte de los problemas de conducta a los que se enfrente. No obstante, reconozco que habrá ocasiones en que la conducta de su hijo o sus hijos conseguirá que se sienta abrumado o se enfrentará a cuestiones que parezcan demasiado importantes como para resolverlas solo.

En este capítulo final, aporto algunas ideas e información sobre lo que puede hacer cuando las cosas se ponen realmente difíciles. Analizo cómo puede examinar sus propios planteamientos de control del comportamiento, para ver si puede adaptar sus formas de trabajar con sus hijos para que le ayuden a controlarlo mejor. Proporciono algunas «estrategias clave para resistir», para que las pruebe, con el objetivo de superar el estrés y ese abrumador sentimiento de que todo se encuentra fuera de control.

Aprender a autoevaluarse

Cuando las cosas van realmente mal, la capacidad de evaluar y examinar su propio control del comportamiento constituye una parte fundamental a la hora de introducir mejoras. Durante mis años de profesora, me he enfrentado a varias situaciones donde, sencillamente, no podía controlar la conducta de una clase. En esos momentos de mi carrera profesional, tenía dos opciones básicas: o tirar la toalla y esperar a que llegara el final del curso escolar (algo que no era una opción para los padres) o podía estudiarme a mí misma y mis prácticas profesionales con el fin de ver qué podía cambiar para mejorar la situación.

Llegados a este punto, quisiera dejar claro que, definitivamente, no estoy sugiriendo que se siente y se ponga a criticarse a sí mismo por todas las cosas que está haciendo mal. En lugar de eso, me gustaría ayudarle a que se autoevaluara de un modo más reflexivo, para que tuviera más posibilidades de resistir cuando las cosas se pongan realmente feas. La idea no es determinar quién tiene la «culpa» de un problema de conducta, sino ver si las cosas podrían hacerse mejor en el futuro. Además de buscar aquello que no resultó acertado, también le pediría que examinara lo que hizo bien en esas circunstancias, para que pudiera repetirlo en el futuro.

Cuando tenga algún «roce» con su hijo, en cuanto la situación haya pasado y se hayan tranquilizado los ánimos, merece la pena tomarse algún tiempo para considerar lo que ha ocurrido. Cabe esperar que ser capaz de hacerlo impedirá que cometa los mismos errores en el futuro. A continuación, he elaborado una lista de preguntas que puede plantearse cuando trate de averiguar dónde se torcieron las cosas y cómo puede mejorarlas.

Preguntas para la autoevaluación

- ¿Cómo, por qué y cuándo se inició la situación? (Muchas veces la clave radica aquí: un problema que va intensificándose hasta convertirse en un incidente grave suele empezar como algo muy trivial).
- ¿Había factores externos que estaban influyendo en la situación (estaba mi hijo de mal humor, había tenido un mal día en el colegio, estaba agobiado por algo)? Si estos factores tuvieron algo que ver, sea consciente de que tiene pocas posibilidades de influir en esos ámbitos.
- ¿Tal vez podría haber distraído a mi hijo o desviado su atención hacia otra cosa para impedir que entráramos en una confrontación?
- ¿Qué ha pasado exactamente entre mi hijo y yo?
- ¿Hice algo para empeorar la situación? Pueden ser cosas como:

  — no dejar claro lo que quería;
  — reaccionar de forma excesiva ante un incidente de poca importancia;

— ver el problema como «ganar o perder»;

— acorralar al niño;

— permitir que interfieran mis emociones;

— ser negativo, y no positivo, en mis planteamientos;

— utilizar un lenguaje negativo, como el sarcasmo;

— utilizar sanciones y castigos inmediatos;

— gritar o perder los estribos.

• ¿Qué hice bien al enfrentarme a la situación? Pueden ser cosas como:

— esforzarme al máximo por mantener la calma, a pesar de las provocaciones;

— ser justo y razonable;

— ofrecer a mi hijo una «salida», aunque no la tomara;

— no gritar, a pesar de que me apetecía hacerlo;

— procurar centrarme en planteamientos positivos, hasta que no había más opción que sancionar.

• ¿Cómo puedo enfrentarme más adecuadamente a esta situación en el futuro?

Estrategias clave para resistir

Por supuesto, habrá ocasiones en que autoevaluarse sea lo último que quiera hacer. Las estrategias clave para resistir que proporciono a continuación son recomendaciones prácticas que he aprendido tras pasar muchos años ocupándome del comportamiento infantil. En mi trabajo, a veces me he enfrentado a situaciones realmente difíciles, donde toda una clase llena de niños parece dispuesta a no querer obedecerme o donde un determinado alumno me hace la vida imposible. Por lo menos, como profesora, sé que me iré a casa al final de la jornada y eso me consuela: como padres, no hay forma de eludir nuestras responsabilidades, incluso cuando las cosas se ponen difíciles.

Las estrategias que proporciono a continuación me han ayudado a enfrentarme con las situaciones más difíciles de clase. Espero que le proporcionen algo de consuelo y algunas ideas para cuando esté pasando una racha realmente complicada con sus hijos.

- *No pierda la perspectiva.* Cuando las cosas van fatal, es muy fácil que perdamos el sentido de la perspectiva. Procure en todo momento ser consciente de lo que es realmente importante y esto le ayudará a mantenerse sereno e impasible. Entonces será capaz de enfrentarse al mal comportamiento del mejor modo posible. No es el fin del mundo si su hijo se porta mal, aunque la mala conducta sea grave y constante. Recuerde que en el mundo hay padres que ni siquiera pueden dar de comer bien a sus hijos: somos afortunados por tener el lujo de preocuparnos por el mal comportamiento.

- *Procure mantener una actitud positiva.* Además de utilizar planteamientos positivos con su hijo, trate de ser positivo consigo mismo. Buscar lo que está haciendo bien le ayudará a sobrellevarlo. Aunque sus hijos se estén portando horriblemente, seguro que habrá alguna cosa que esté haciendo bien. Puede obtener buenos resultados en otros ámbitos que no sean el comportamiento; para empezar, si consigue que sus hijos coman, se vistan y vayan al colegio todas las mañanas, ya debería darse una palmadita en la espalda.

- *No sea demasiado duro consigo mismo.* He intentado reforzar este mensaje en todo el libro, porque soy muy consciente de lo difícil que resulta mantener todas esas ideas «perfectas» que estoy dando. Por favor, no sea demasiado duro consigo mismo si descubre que, en ocasiones, es imposible mantener una actitud positiva o si siente que ya no puede más. Se equivocará a veces, así que acéptelo y no se machaque por ello. En lugar de eso, aprenda de sus errores y esfuércese al máximo para acertar la próxima vez. Recuerde que es un proceso de aprendizaje tanto para usted como para su hijo.

- *Construya un muro.* Aprenda a construir un muro invisible entre usted y el comportamiento de su hijo. Procure que las tonterías, las groserías e, incluso, las agresiones reboten en el muro y no lleguen a tocarle. No estoy diciendo que esté bien que su hijo le trate de esta manera, sino que debería procurar que este tipo de comportamiento no le afectara a usted ni a su manera de reaccionar.

- *No tire la toalla.* Aunque parezca que las ideas recogidas en este libro no funcionen al principio, siga intentándolo. Será necesario mucho tiempo hasta que su hijo aprenda a comportarse bien, sobre todo si nunca ha utilizado estrategias similares antes.

- *Progrese mediante pequeños pasos.* Considere un éxito cada pequeño paso: el menor cambio positivo en la conducta de su hijo debería recibirse como un logro. Con el tiempo, estos pequeños pasos se irán sumando hasta formar una vida familiar mejor y más feliz.

- *Muéstrese dispuesto a reconocer que está equivocado.* Todos cometemos errores al ocuparnos de nuestros hijos. Si está dispuesto a admitir cuándo se equivoca, y no finge que nunca comete errores, descubrirá que, posiblemente, sus hijos le respetan mucho más.

- *No se complique la vida.* Siempre que pueda, no se complique la vida. Yo consigo tener al día la colada, pero no plancho nada a menos que necesite algo específico para el trabajo. No es necesario ser amas de casa perfectas; la prioridad es atender a niños que estén bien alimentados, bien cuidados y bien educados.

- *Busque apoyo cuando lo necesite.* Hay muchos apoyos a los que acudir cuando las cosas resultan difíciles de soportar: familia, amigos, centros infantiles, organizaciones de padres, etcétera. No tema pedir ayuda cuando, de verdad, no pueda enfrentarse más a la situación.
- *Dedíquese algún tiempo.* Cuando las cosas son realmente difíciles, resulta tentador ponerse el último de la fila. Es un error. Un poco de tiempo dedicado únicamente a su salud física y mental puede resultar decisivo para arreglárselas bien o mal como padre.